阿德勒
心理学
经典文丛

ALFRED
ADLER

The Science of Life

生活的科学

〔奥地利〕阿尔弗雷德·阿德勒 著
张晓晨 译

上海三联书店

目 录

CONTENTS

/第一章/

个性心理学原理

寻求目标

统觉体系

自卑和社会兴趣

常识及其缺点

父母的影响

梦与感情

出生早晚与早期记忆

结论

威廉·詹姆斯是位伟大的哲学家，他曾说过，真正的科学只能是和生活直接有关的科学。也就是说，如果某一门科学直接与生活有联系，那么就不应该割裂其理论和实践。因为生活直接对研究生活的科学产生影响，所以研究生活的科学成了一门生活科学。通过某种特别的力量的作用，上面的这些观点也可以运用于个性心理学。

个性心理学认为，个人生活态度的组成部分包括每一种冲动和活动、每一个单独的反应，个人的生活应该被视为一个整体。在实践上，这门科学是非常必要的。我们的生活态度可以通过知识而被调节和修正，所以个性心理学的预测性具有两重意义：不但能对将来发生的事进行预测，同时也像先知约拿一样，而且能够在对将来发生的事情进行预测之后，使这些事无法发生。

寻 求 目 标

生活的创造力是非常神奇的，个性心理学在努力理解这种创造力的过程中得以发展。这种创造力存在于努力地探求和获得成功的期望中，存在于自我发展的期望中，甚至还存在于某一方面失败而通过另一方面的成功来弥补的期望中。这种创造力是在追求目标中体现出来的，它是目的论的。也就是说，精神和肉体的活动，都在这种探求的过程中实现了相互合作、配合。所以，如果割裂与个人的联系，甚至以抽象的方式研究精神状态和肉体活动，都是极其错误的。这种错误的一个例子就是，在犯罪心理学中，对罪犯的重视远远少于对罪行的重视。如果我们认为罪行不是某个人生活中的一个插曲，那么不管我们怎样思考，都无法理解犯罪行为。就算某种外部行为是一样的，也有可能在一个案件中是无罪的，在另外一个案件中是有罪的。个人行动和行为的方向，由每个人的不同生活目标来决定，所以对每个人不同状况的理解，才是问题的关键。我们能够通过这种目标，对各个独立活动后面所隐含的意义也有所了解。我们应该知道整体的组成部分，包括这些独立的活动。与之相反的是，我们在对部分进行研究的时候，如果想对整体意义的理解取得更好的效果，也一定要将它们视为整体的组成部分。

以作者为例，我在医学实践中对心理学产生了兴趣。医学实践为我提供了很多目的论的观点，这些观点都是理解心理学事例所需要的。我们在医学中清楚地发现，所有器官都为了某种确切的目标而努力发展，当它们发展成某种确切的形式时，就都已经达到了成熟期。在有些存在生理缺陷的案例中，我们还进一步发现，如果某种器官有缺陷，那么个体就会发展出另外一种器官来取代它。在解决各种残疾的时候，生命机能的处理方式非常独特。因此，生理的不平衡状态才得以补偿，生命绝不会在外界的阻力面前表示屈服，或者放弃抗争，生命在不断地努力延续。

精神活动类似于有机体的生命运动。理想或者目标的观念存在于每个人的精神中，它使得人们设置一个具体的目标，铲除现实中的障碍，解决现实中的问题，并能够超越现状。当人们在处理现实中的问题时，这些具体的目标能够让人感到优越，因为他心里早就谋划好要怎样走向成功了。然而如果这种目标观念并不存在于个人精神领域，人的活动就完全没有意义。

童年时期，也就是生命的早期，个体就形成了“制定某种目标——寄予目标具体形式”的概念，很多例子都说明这必然是一个事实。成熟个体的某种模式或者某种原型，从这个阶段开始发展起来了。对于这个过程的发展，我们可以进行一番想象。一名儿童自卑而又衰弱，他发现某种环境令他无法承受，所以选择了一个目标，向着这个目标指明的方向努力地使自己变强。此时，变强所需要的物质资料并没有决定变强方向的目标重要。很明显，儿童的每个行为都由这个目标支配，这个目标确实是存在的，但对于这个目标的形成，我们确实难以解释清楚。因为只有在确定自己的目标以后，孩子的发展方向才能固定下来，所以直到现在，我们也不太了解早期阶段中的能力、理性、冲动、能量，甚至不能做出确切的解释。我们要想预测他们在今后会有何种行动，就必须先要知道他们的生活倾向。

当我们说到“目标”这个词的时候，有的读者可能会感到非常迷惑，所以使这个观点进一步具体化是必要的。说白了，“期望成为上帝”就是一个具体目标，如果能使用“目标的目标”这个术语，那么期望成为上帝也是最终目标。教育工作者一定要慎重地教育自己和孩子成为“上帝”。其实，在孩子的发展过程中，我们发现应该树立一个短期而又更具体的目标。这个目标可能是母亲或者父亲，因为我们发现，如果一个男孩认为最强的人是他母亲，他就可能受母亲的影响，甚至会模仿母亲的行为。如果他后来相信这个世界上最强的人是马车夫，他也可能会模仿马车夫。

一旦孩子树立了这种目标，他就可能像马车夫那样穿衣打扮、感受、处事，他所表现出的所有性格特征都符合他的目标。不过，只要警察略微一发作，马车夫的形象就马上轰然倒地……此后，由于惩罚学生显得教师具有强者的威力，儿童理想中的目标可能又变成了教师，当然也有可能变成医生。

我们发现，儿童所确立的目标都有具体的共性，完全反映他们的社会兴趣。一个社会兴趣不足的表现就是，有人问一个男孩："你长大想做什么？"这个男孩回答："我想去执行死刑。"他想要拥有上帝一般的权力，希望自己成为掌管人们的生死的人。他之所以生活消极，就是因为这种观念比社会更加强大。当然，同样是想成为上帝的目标——决定人们的生死，他也可能产生想要成为医生的愿望。不过，实现这个目标的方式是服务社会，这是二者的不同之处。

统觉体系

原型能够表现个人目标的早期个性，在形成了原型以后，也就可以确定方向了，个人的方向会变得比较具体。我们之所以能够预测将来的生活能发生哪些事，就是这一事实的缘故。所以，这种方向所确定的规则必然包括个人统觉。一个人在认识某种环境的时候，总是带着自己的兴趣，而不是根据环境的真实存在形式来理解。也就是说，他在理解环境的时候，总是以自己的统觉体系为依据。

我们发现，在这个关联中，存在一种非常有趣的现象：有生理缺陷的儿童认为他们的缺陷器官对他们的所有经历都有影响。比如，一名儿童的视力存在缺陷，他可能对能看见的东西非常感兴趣；如果一名儿童患有胃病，那么他的饮食兴趣可能有点怪。上文已经说过，所有人的不同性格都是由这种统觉体系组成的，所以个人的统觉体系和这种沉迷具有一致性。我们只要知道孩子的哪个器官存在问题，就可以知道他的兴趣是什么。不过，有些孩子的外部特性可能没有表现出来，而且也不能被发觉，这主要是因为他们的统觉体系会限制他们所体会到的生理自卑，可见发现儿童的兴趣也不是那么简单的。当孩子的统觉体系中已经具有生理自卑这一因素时，那么即便我们观察生理自卑的外部表现，也未必能揭示统觉体系。

少儿非常熟悉相对性系统。包括我们这门学科在内，所有人学到的知识都不是完全正确的真理。在这方面，儿童和成人并没有什么区别。常识是科学的基础，而常识总是在变化，这条路是由各种大小错误逐渐铺垫而成的。谁都会出错，但能够改正错误才是关键。

在原型形成的时期，改正错误是比较简单的，不过要是有些错误在这个时期并没有被改正，那么后来再改正的时候，就要把这个阶段的整体情况都要回顾一遍。所以，在为一位神经病患者进行治疗时，主要任务不是探寻他在后来的生活中犯下什么错误，而是发现在他原型形成的过程中，在他生活的早期，他犯下了哪些根本性的错误。发现这些错误以后，就可能通过合适的治疗方式让他改正。

从个性心理学的角度来看，遗传的重要性降低很多。一个人在童年阶段建立起来的原型，也就是他早年对待继承物的态度和方式，才是问题的关键，而他所遗传的东西并不重要。遗传应该为先天性生理缺陷负责，我们在这里所进行的思考的前提是，要求少儿处在合适的环境中，将那些特别的困难排除在外。其实，如果找到了少儿的缺陷，并进行针对性治疗，就非常容易解决问题，其实这是非常有益的。一名儿童即便比较强健，不存在任何先天缺陷，那么他也很可能发育不好，原因可能是营养不良或者其他教养方面的问题。

现在，我们来探讨个性心理学对训练神经病人和教育所提出的问题。这里所谓的神经病人包括：罪犯、患有神经病的儿童、通过酒精的作用逃避现实生活中有意义方面的人。

在快速而又容易地找到哪里出现了错误以后，我们来问一问什么时候出现了这些病症。很多人都持有一种错误的观点，认为新的环境是病症产生的原因。其实我们的调查已经证明，病人并没有为适应新的环境做好足够的准备在前，某种具体的事情发生在后。假如病人所在的环境仍然比较适合他，也就不会那么容易发现他原型的错误。不过病人在一个新的环境中，必须根据原型创造出的统觉体系做出回应，所以所有的新环境都有试探的性质。在他的整个生命里，他都要受到目标的指引，因此他的回应不但符合他的目标，并且具有一定创造性，而不仅仅是消极的。我们早期对个性心理学研究的经验得出，不应该忽视遗传的重要性，也不应该着重强调某个单独部分的重要性。我们知道，通过自身的统觉体系，原型才得以与经验相符。所以，对统觉体系的研究，对我们取得某种效果来说是必要的一步。

自 卑 和 社 会 兴 趣

心理环境因素对一名先天生理机能存在缺陷的儿童来说，也是非常重要的。相比于其他人，这些儿童都明显地表现出某种自卑，而这种自卑又经常被夸大，所以他们所处的环境更加艰难。他们在最初形成原型时期，就已经对别人不感兴趣，而注重于个人的发展。他们在后来的生活中，也有坚持这种发展方向的趋势。在造成原型错误的众多原因中，生理自卑只是其中一点，相似的错误也可能是其他问题导致的，比如被敌视儿童和被溺爱儿童所处的环境。对于这三种极为不利的情况，我们会在后面详细讨论，同时还会提出实际的病例，并对此进行解释。我们在上文已经提及了这三种情况——被敌视的儿童、被溺爱的儿童以及生理器官存在缺陷的儿童。我们现在只发现，这些儿童在自己所处成长的环境中，并没有学习到独立性，他们每时每刻都在恐惧承受外界的袭击，他们的生长环境非常不利。

既然在我们的治疗工作中，社会兴趣的作用非常重要，那么我们就绝对有必要认识社会兴趣。能够从顺利的和困难的环境中都得到益处的人，必然是那些自信、勇敢的人，他们能够镇静地在这个世界上生活。他们知道无论到哪里都会遇到困难，但他们却不懂得恐惧，可见他们非常清楚这些困难必然都是能克服的。生活中的所有问题，都不过是永远不变的社会问题而已，他们有充足的准备去面对。如果以某种人的角度观察，我们必然有对社会行为进行准备的必要。上面提及的三种类型儿童，他们缺少处理问题以及对生活有利的精神态度，他们原型的社会兴趣都比较低。因为原型在心理和生理上都受到了挫折，所以就容易在生活无意义的方向发展人格，而且对生活中的问题坚持错误的态度。其实，个性心理学是一门社会心理学，我们在对这些病人进行治疗时，主要任务是帮助他们培养对社会和生活有利的态度，使他们的行为向有利的方向发展。

常识及其缺点

我们在观察一个家庭的时候会发现，假如家中的所有儿童都存在发育障碍，那么就算这些儿童看起来都很聪明（也就是能够回答对问题），但如果要谈及那些表现或者特征能证明孩子的聪明，这些儿童就会表现出自卑，而且程度非常剧烈。这种儿童具有某种我们在精神病人中发现的态度——完全为了个人的精神态度。此外，聪明并非一定要具备的常识。强迫症患者总是要去关窗户，虽然这种行为没有什么意义，而且他们内心也非常清楚。如果一个人只对有意义的事情感兴趣，就根本不会这样做。神经混乱者的语言和理解能力经常与其他人不同。说明一个人社会兴趣程度的正是常识性语言，可精神混乱者根本就不会说出这种语言。

我们可以发现，如果对比个别判断和常识判断，那么正确的一方基本属于常识判断。人们在区别好坏的时候，以常识为标准；

同时在复杂的情况下，人们又经常因为使用常识而犯错。不过，随着常识的不断发展，这些错误都能够得到修正。有的人并不像别人那样能够正确地区分出正误，因为他们总是过于关注自己的个人兴趣，其实这种做法使他们的无能展露出来，因为旁观者能够非常清楚地看懂他们的所作所为。

我们再次拿出罪犯的例子，我曾经询问过一名罪犯的动机、理解能力和智力，发现罪犯认为自己的罪行是一种英雄行为，认为自己智力超群，而且比别人聪明很多，至少已经比警察聪明。他相信自己的理想很崇高，且认为自己已经实现了。所以，他在自己心中的形象已经变成了一名英雄。其实，这正好说明他的内心世界并没有什么英雄主义，完全与实际情况相反，可是罪犯却不自知。他的性格软弱、勇气不足都与社会兴趣的贫乏有关系，只是他不知道而已，其实这也是他使自己的活动都集中在生活中无意义之处的原因。这些人害怕孤单、黑暗，一转身就在生活中的无意义之处投入自己的精力，他们软弱，经常期望与别人待在一起，所以我们只能将他们形容成软弱。最佳的遏制犯罪的方法就是，让所有人都知道，犯罪是没有任何价值的行为，只能说明一个人的软弱。

大家都知道,有些罪犯在三十岁以后,变成了一名出色的公民,他们会主动找工作、结婚。为什么会出现这种现象？以一个盗窃犯为例，相比于二十岁的盗窃犯，三十岁的盗窃犯如何能比得上前者？二十岁的罪犯更加健壮、蛮狠、狡诈。进一步说，三十岁罪犯的生活方式与之前的时候已经不一样了，但这基本都是被迫的。其实，他们发现自己最好还是选择金盆洗手，因为这是一个很不划算的营生。

我们绝不能忽略与罪犯相关的另一个事实：罪犯会在加重惩罚的刺激下变得更加自信，认为自己是个卓越的英雄，他们不会因为感到恐惧而选择放弃。我们不能忘记，罪犯在以自我为中心的世界里生活，他们似乎没有整体意识，不能理解整体价值，也不能寻找到自信和勇敢。这是一种不能融入社会的人。精神混乱者、广场恐惧症患者很少具有举办聚会的能力，而精神病人也很难办起来。自杀的人和儿童向来不会结交朋友，这是一个至今都不能解释的事实。他们原型所寻求的目标都是虚假的，这就使他们走上了生活中无意义的道路。他们在各自的早期生活中，都沿着自我中心的方向生活，这一点原因是非常肯定的。

父 母 的 影 响

我们已经对社会兴趣进行了探讨，我们下面的主题是，研究在个人的发展历程中，他都会遇到哪些障碍。这并不是一个繁杂主题，虽然人们乍一看会感到迷茫。我们知道，所有被溺爱的儿童都会被人嫌弃，在我们的文化里，社会和家庭都希望能终止这种溺爱。一个被溺爱的孩子将会遇到生活中的各种问题。在学校里，他们要面对一个新的社会问题，他们进入一个新的社会环境，可却并没有做好适应学校群体生活的准备，他们不愿意与其他孩子一同玩乐、一同学习。其实，他们对这种环境感到恐惧，他们在原型阶段所得到的经验，使他们还想得到溺爱。其实，我们完全可以以原型和目标的性质为依据，推测出这种性格，这根本不是一种遗传的性格。因为这种使他们向其他目标努力的特别性格已经具备，所以就不会产生促使他走向其他方向的性格了。

在我们学科系统的排序中，下一个要研究的主题是原型分析。在儿童四五岁的时候，原型就已经建立起来了，这一点我们在前文已经提过，所以儿童在那个时期及以前时期的内心痕迹，是我们一定要探寻的。这些痕迹可能变化多端，成年人很难想象其形态竟然到了如此复杂的程度。

父母过分责怪或者惩罚所造成的情感抑郁，是对孩子内心最为普通的影响。在这种作用的影响下，少儿心理会形成一种对抗感，他们努力地寻求挣脱。所以，如果父亲的性格暴戾，女孩就可能认为男人都是暴戾的，进而形成一种厌恶男人的原型。同理，如果男孩因为母亲的严格而感到抑郁，他就可能厌恶女人。这种态度表现为对异性的厌恶，其形式是多样的。比如，少儿会走向性关系堕落的深渊（这也是厌恶女人的一种形式），这是一种在儿童童年环境中就产生的堕落，而不是遗传的，当然有的儿童也可能会怯懦、羞赧。

儿童经常要付出巨大的代价，为自己早期犯下的错误埋单。即便如此，儿童对他人教育引导的接受也不多，他们只能继续坚持自己的方向，因为他们的父母不清楚自己曾经经历的结果，而且就算知道了，也不愿坦白地告诉儿童。

在讨论这个问题的时候，我们不能过度地认为，不管是劝导还是惩罚，对孩子都没有效果。任何努力都是徒劳的，因为不管是成人还是儿童，都不知道应该从哪里做出改变。如果一个孩子无法理解，他的原型就不会因为训斥和惩罚而发生变化，此外他们的个人统觉和生活经验都已经一致了，所以孩子也不可能因为生活经验而发生变化，这样他们就只能变得更加软弱、狡诈。只有根本个性被我们察觉以后，孩子才有可能发生变化。

梦与感情

这门生活科学的下一主题是研究感情。个人目标所制定的方向性线路就是中轴线，个人的内心表现、身体运动、性格特征，以及一些外部特点，都受到中轴线的影响，感情生活受到一些限制。人们在表明态度的合理与正确时，经常以感情为根据，这一点需要引起我们的注意。所以，我们会发现，如果一个人想要出色地完成工作，他的整个感情生活就会被这个想法夸大和控制。

我们据此可以得出，个人对工作的意见与感情经常都保持协调，个人活动的倾向因此而被强化。其实，我们在活动的时候需要感情的陪伴，有些事情不需要感情色彩也能做完，但我们还是寄托了感情色彩。

个性心理学最新的成果包括对梦的研究。在研究梦的时候，我们能明确地认识到这点。直到现在人们才发现，所有的梦都必然有某种目的。根据普遍的观点，创造某种感情活动是梦的目的；反过来，感情活动也可以促进梦的活动，这个术语现在还不够具体。从这里可以发现人们认为，不管什么样的梦都是一个骗子，人们对旧观点的意见非常有意思。梦是一场带有感情色彩的演出，根据我们喜欢的行为方式，表演我们清醒时的行为态度和行为计划。不过现实生活中绝对不会上演梦里的内容，所以梦只是一场演出而已。从这个角度看，这种感情色彩给人以行动的激励，但又不会促使人做出任何行动，所以梦具有欺骗性。

在人的非睡眠生活中，梦的这一特点也会表现出来，这是一种感情上的自我欺骗，而且程度非常强烈，比如人总是让自己的行为方式符合自己早期（四五岁）形成的原型。

出生早晚与早期记忆

我们发现有一种现象非常不易理解：任意两个孩子的生长环境都是不同的，包括在同一家庭长大的两个孩子，各自也会感受到不同的氛围。第一个孩子，在最开始的时候是家里的唯一，所以成为众人关注的焦点，他的地位明显和他的弟妹不同。不过他后来发现自己从第一的位置上被挤下来了，因为第二个孩子出生了。他并不愿意接受这种改变。他曾经是“威风凛凛”的人物，但这种日子再也没有了，恐怕这确实是他这辈子最凄惨的事了。在他原型的形成过程中，这种突然出现的戏剧性转变带来某种悲凉色彩，在成年以后，他的性格就具有了这种悲凉色彩。这些孩子经常会遇到失败，很多病例都能说明这一点。

对待男孩和女孩的方式，也是家庭内部环境中的一种区别。总的来说，女孩总被看作什么都做不好的，男孩总是被认为是非常出色的。在这种环境中长大的女孩，总是感觉能够取得成就的只能是男人，她们这一辈子都非常犹豫，思虑过重而又习惯退缩。

第二个孩子的成长环境和第一个孩子完全不一样，他的地位非常特别，因为身边总是有一个榜样，而且那个榜样还经常比不上他。我们会发现，其原因在于这种竞争总会让第一个孩子感到困扰，他在家庭中的地位也因为这种困扰而受到影响。因为不能出彩，也因为害怕竞争，父母越来越不重视第一个孩子，开始喜欢第二个孩子。同时，第二个孩子一直都在竞争，因为在最开始的时候，他的榜样就是他的对手。第二个孩子不赞同任何权威，他有很强的反抗性，他在家庭中的特别地位能够对他所有的性格特点做出说明。

很多最幼小的儿童都具有非同一般的能力，传说和历史都曾记载过。比如具有代表性的儿童约瑟夫，他想要打败所有人。他从家里离开几年后，他家又迎来了一个更小的弟弟，可他并不认识这个弟弟，很明显他是最幼小孩子的地位并没有改变。在很多神话剧中都可以找到这样的描述，在这些故事里，最小的孩子所承担的角色都非常重要。我们可以研究在他们童年阶段时这些性格特点是怎样发展起来的，研究在他们的个人阅历增加以后性格特点又是怎样变化的。一定要让儿童了解他在童年发生的事情，才能让他知道他生活中的所有境况都受到了原型的错误影响，这样才能让他重新开始。

对早期记忆进行研究的方法是非常有意义的，我们可以据此理解原型，并通过理解原型来研究个人的人格。早期记忆属于原型——我们所有的观察和知识都得出了这个结论。为了使论述更加明白，我要举一个例子。以第一种类型——器官缺陷儿童为例，比如他的胃功能存在障碍，假如他还没忘记自己所看见的、听见的，那么食物和他的见闻一定有某种程度的关联。再比如一名儿童是个左撇子，那么他的想法可能受到这个习惯的影响。有人可能说到了家里又生了个比他小的弟弟，或者母亲曾经宠爱他。假如他父亲脾气差，他会说自己怎么被揍了。如果一名儿童遭到他人敌视，他就会告诉你在学校里受到怎样的侮辱。这些资料都非常有价值——如果我们学会观察这些事例的重要性。

对早期记忆的理解需要很强的同理心，需要具备一种能力——将自己视为儿童，并感受他的童年环境——这种理解如同一门艺术。我们要想感受到在一个家庭中，年幼的孩子出生后对另一个孩子的内在性具有怎样的重要性，就一定要依靠这种同理心，这样才能理解儿童心中的暴怒父亲到底是什么形象。

结 论

讲到这里，个性心理学的着手方法已经总结完毕。在过去的二十五年间，个性心理学发展起来了，并且在一个新的方向越走越远，这一点大家都已经目睹了。我们的精神病学和心理学有很多种类。每个心理学家都不相信别人是正确的，每个心理学家所选择的方向都各不相同。估计读者也存有这种心理，不会轻易表示相信。读者可以自行比较，在“驱力”心理学（代表人物是美国的麦独孤）中，“驱力”有很强的遗传特征，所以我们并不支持这种学说。同理，行为主义的“条件”和“反射”也是我们所不赞同的。如果我们不能理解“条件”和“反射”运动中的体现出的目标，那么在其中制造出一种性格和命运，就是没有任何意义的。这些心理学，都没有以个人目标为起点来研究。

/第二章/

自卑情结

▼

▼

在个性心理学中，为各种特殊的因素打上“意识”或者“潜意识”的标签，是一种错误的做法。人们坚定地相信，意识和潜意识是相互对立的，但实际上并不总是这样，两者也会朝着同一个方向发展。另外，这两者并非是界限分明的，发现两者共同运动的目的才是关键。如果没有弄明白两者的关系，那就不能断定哪些是有意识的，哪些是潜意识的。我们在上一章所研究的原型的生活形式，正好能解释两者的关系。

个体即整体

对于意识和潜意识与生活的紧密关系，我们可以用一个病例来解释清楚。有一个男人已经四十多岁了，已婚，患上了恐惧症，主要的表现是想要跳楼。这是一种欲望，他一直与这种欲望做斗争。他在其他方面都正常，只有想要跳楼是个问题。他和妻子生活和睦，个人工作顺利，而且有很多朋友。假如不考虑意识和潜意识相互影响的特征，那就会对这个案例感到疑惑。他有意识地感到自己要从窗户跳下去，但其实又从来没有从窗户跳下去的欲望，所以他一直都活着。我们发现，这其中的原因在于他生活中的另一个方面，他与自杀欲的斗争在这方面的作用至关重要，这是一种潜意识行为，而且入侵了他的意识领域，他最终胜出了。其实，他在“生活习惯”（我们会在后面的章节详细讨论这个术语）中已经成了征服者，实现了优越的目标。估计读者会提出，一个在意识领域内明显有自杀倾向的人，居然也可能是优越的？我的答案是：他身上有一种力量正在和自杀抵抗，他在这场抵抗中取得了胜利，所以他是优越的征服者。客观地说，他自身的懦弱压制住了他对优越的向往。这种规律已经成为习性,并操控着一些在某方面感到自卑的人。重要的是，这种抗争存在于他的内心中，一方是体现在意识生活中的死亡欲和自卑感，一方是体现在潜意识生活中的对征服和生存的追求，以及对优越的追求。

现在，我们来检验该理论能否通过原型发展来证明。我们通过对他早期记忆进行分析发现，他在学校的童年时期遇到过困难。他总是想躲开男孩子们，因为他不喜欢。可是他还要拿出勇气面对他们，和他们交往，这就需要他压制住自己的冲动。我们发现，在战胜自己的懦弱方面，他确实已经努力过了，他敢于面对自己的障碍，并且克服了。

如果我们分析这位病人的个性，就会知道克服焦虑和恐惧是他生活中非常重要的一个目标，他的意识和潜意识被这个目标组合成了一个整体。假如我们不视这名病人为一个整体，就很容易将他视为一个内心懦弱但却期望打斗的人，一个充满野心的人，很难认定他的成就和优越。我们在得出这个结论以前，在分析这个事实的时候，并没有使用个人生活的统一性原理，也没有顾及这个病例中所有的事实，所以这是一种完全不正确的观点。

如果我们现在还完全不能承认一个人是一个整体，那么我们对个人所做的所有努力、我们对个人的所有认识，以及我们整个心理学,就全都没有任何意义了。如果我们推断出生活具有两面性，但却不连接起这两方面来，那么就不可能将生活视为一个完整的统一体。

社 会 背 景

我们不但要把个人生活视为一个统一体，而且还要对其有怎样的社会关系进行考量。刚出生的婴儿需要人们的照料和关心，因为他们是脆弱的。如果不考虑照料儿童、使他的自卑得到弥补的人，那么就不能够理解儿童的生活方式和生活习惯。如果只是对儿童身体空间范围外进行分析，那么我们的分析实在不足，我们永远不能够对他与母亲以及他与家庭的联合关系做出解释。这个儿童的个性与一系列的社会关系背景有关，并已经超越了他身体具有的特点。

从某种程度上来说，上面对儿童的分析，也可以运用到整个人类中。把人类赶到社会生活中表现出的那种怯弱，与把儿童限定在家庭生活范围内的那种怯弱是一样的。在某种特殊的生活环境中,并不是所有的人都能够很好地应对。由于生活的阻碍比较大，他们可能无法独自去面对。所以，成年人要组成一个集体，这是一种非常明显的趋势，这样他们就不用作为单独的个体而存在，而是以整个社会的一个成员的形式存在。很明显，社会生活会在很大程度上帮助他们战胜自卑和无奈。

我们知道这是一种普遍存在于动物中的现象。如果某种动物比较弱小，它就要过群居的生活，这样在满足个体成员需要的时候，就可以使用群体的力量。比如，一头水牛难免受到狼的袭击，但如果一群水牛聚集起来就比较容易应对。只有在团结起来的时候，水牛才能够做到头靠在一起，用后腿与敌人战斗，一直战斗到得到解救。另外，老虎、狮子等被大自然赋予了保护自己的方式，所以能够脱离群体，过着独居生活。人类只能过群居生活，因为人类没有尖利的牙齿和爪子，也没有健壮的身体。所以我们能够理解，其实个体的软弱无能是社会生活的根源。

从这个事实中可以发现，若是指望社会中的所有人都有着同样的天分，那是绝对不可能的。在由人组成的社会中，只要配合合理，那么每个人的能力都能够得到及时的支持，对于这项结论，我们一定要牢牢记住，因为一旦忽视了这一点，我们就会陷入一种误区，认为在对一个人做出评价的时候，应该以他的天赋能力为依据，但实际情况却是，如果一个有缺陷的人处在孤立的环境中也同样有能力，那么当他进入一个配合得当的社会中时，他的缺陷就能够得到相应的补偿。

我们可以假定先天的遗传是各种缺陷的原因，那么心理学的目的就是减弱自然缺陷对他们造成的影响，促使他们和别人友好相处。人类协作的历史，就是社会进步的历史。在人类的协作中，每个人的缺点和缺陷都能够被克服。任何一个人都知道，语言这种发明是社会性的，但只有很少的人能够发现，促使这种发明产生的原因是个人的不足，这一点可以通过儿童的早期行为得到证明。幼儿会为了让别人注意到他没有被满足的愿望，而发出和语言相类似的声音，这样才能吸引别人的注意力。假如一名儿童觉得没有让别人注意他的必要，那么他就完全不会努力尝试着说话。对于刚出生几个月的婴儿，在他们还没有产生说话需求的时候，母亲总是满足他们所有的愿望，所以这时候他们是不可能学会说话的。根据记载的材料可以发现,有一名儿童因为没有必要去说话，所以到了六岁还不会讲话。还有一个比较特别的案例同样可以说明这个事实。这名儿童的父母是一对聋哑人，所以当他摔倒摔疼的时候,虽然也会哭,可是却哭不出声。他确实需要父母注意到他，但他没有发出哭声，只是做出了哭的样子，因为他知道自己的父母是聋哑人，声音对父母来说没有任何意义。

因此我们可以发现，想要了解某个人所选取的特别的“优秀目标”，就一定要以社会环境为根据。对于我们研究的事件的所有社会背景，我们永远都要仔细关注。同理，为了把某种特别的适应不良研究透彻，我们还要从社会的格局来考虑问题。很多人发现自己有适应不良的症状，比如，不能通过语言来与他人进行正常的交流。一个比较典型的例子就是说话结巴的人，只要我们略微观察说话结巴的人就会发现，他们从来没有很好地与社会适应，从他们出生那天开始就是如此，他们不想交朋友，也不愿意参加各种活动。促进与他人的交往，可以促进语言的进步，可是与他人交往却是这些人所不喜欢的，就这样他们结巴的症状根本没有好转的迹象。一般有两种发展特点存在于结巴的人中，一种是寻求寂寞，另外一种是想要与他人交流。

我们发现，有些没有经历社会生活的成年人，在后来的生活里，都有怯场的特点，他们不擅长在众人瞩目之下说话，因为听众都被他们看作了敌人。当他面对的听众占有优势，并且好像又有敌意的时候，这些人就会感到自卑。实际上，要想做到不怯场，要想讲得流畅，就必须要对自己和听众都非常信任。

因此，社会学的问题和自卑感产生了紧密的联系，自卑感是社会适应不良的结果，而对于战胜自卑感，最基本的方法就是社会学习。

常识和社会学习的关系非常直接。我们曾经说过，人们克服困难时以常识为根据，这个时候我们说的“常识”，是一种集体性的智慧，它属于社会整体。但同时有些人的行为方式，以自己特殊的理解力和语言为基础。在上一章里，我们就曾经说到这一点。这些人包括精神病患者、精神错乱者和罪犯。他们都有一些不正常的特点。社会标准、机构、人等事物对他们没有任何吸引力，也就是说他们对这些事情根本不感兴趣，而这些事物恰好又是他们得到解脱的途径。

我们的目标是让这些人对社会性事物感兴趣。神经质的人经常有这种想法，认为应该对那些美好的愿望表示充分肯定。不过我们一定要让他们清楚，只是美好的期望还不够，在一个社会里，他们实际上付出的东西以及行为的确切结果，才是更加重要的。

如何看待缺陷

所有人都在寻求优越，也都有自卑感，但这并不意味着每一个人都是完全一样的。作为普遍的条件，自卑感和优越感都操控着人类的行为。但除了这点以外，人和人之间还是有所区别的，比如环境、健康、体力的区别。但由于这些因素的作用，人们在相同的环境下所犯的错误也可能是不一样的。我们在观察儿童时会发现，儿童在回答问题时总是有各种各样的反应，没有一个绝对准确和完全确定的反应。他们都在寻求更好的生活习惯，同时他们各自的特别之处也明显通过这种寻求的方式体现出来。他们会犯下各种各样的错误，但都在向着正确的方向努力，而他们努力的方式也是各种各样的。

我们可以对一个人的奇怪特点和变异方式进行分析。比如，左撇子的儿童，有的小孩曾经被用心地教育使用右手，所以他们完全不知道自己是左撇子。他们在最开始的时候，右手不灵活，或者非常笨拙，所以总是会被嘲笑、批评、责骂。这项缺陷确实会遭人嘲笑，不过应该接受训练的是他的两只手。当儿童还在摇篮里的时候，他是不是左撇子是能够被发现的，主要表现在他左手的使用要比右手多很多。在后来的生活中，他的右手不够灵巧，这对他来说可能是一种重担。但与此同时，他经常有很大的兴趣使用自己的右胳膊和右手，在写字、画画这些活动中都有所体现。实际上，在后来的生活中，如果一个左撇子的儿童能比正常的儿童得到更好的练习，那么这件事并不值得大惊小怪。因为他一定要培养自己的兴趣，也就是说，如果他对自己左撇子一事了解得更早，那么他就会努力地练习以面对自己的缺陷。这对于培养一个人的能力和艺术天分，都有很大的益处。处于这种境地的儿童，总是在努力地战胜自己的缺陷，所以他有很强的野心。有些时候，这是一种非常艰苦的抗争，在这种情况下，他就会嫉妒或者是羡慕别人，从而产生了一种自卑感，这种自卑感更加难以战胜，也更加严重。对于一名不断抗争的儿童来说，他可能会变得富有奋斗精神。这种奋斗精神在他长大以后仍然非常强烈。他总是在抗争着，并且有一种坚定的信念，认为自己不应该是有障碍的、蠢笨的，这种孩子扛着比别人更加沉重的负担。

儿童的原型是在四五岁时形成的，他们以原型为根据，通过各不相同的方式犯错、抗争和发展。他们的目标各不相同，有的想要离开这个他无法融进去的世界，有的想要成为画家。他们可能并不清楚应该怎样战胜这些缺陷，虽然我们可能很清楚，但也很少能通过正确的方式向他们解释明白。

很多儿童都有生理缺陷，我们发现最能引起儿童兴趣的就是这些缺陷，比如耳朵、眼睛、胃、肺等身体缺陷。这种现象可以通过一个非常奇怪的例子来说明。有一个男人四十五岁，已婚，患有哮喘病，犯病时间总是每天晚上从办公室回到家以后，另外他的工作还不错。曾经有人问他："为什么发病时间总是在回家以后？"他的回答是："这是因为我和我妻子总是有矛盾，我是理想主义的人，但她却是现实主义的人。回到家以后，她想要出去玩，但我却只想休息一会儿，悠闲自得。所以她总是嫌弃我在家里待着，我就会发火，这时就会喘不过气来。"

为什么这个人没有呕吐感，而是喘不过来气呢？主要是因为喘不过气来符合他原型的特点。他童年时期应该被人绑起来过，因为他的身体较弱，也因为绳子捆得太紧，他根本无法抗争，所以会感到不舒服，影响了呼吸系统。那个时候家里有个人非常喜欢他，这人是一名年轻的女佣。女佣将自己所有的注意力都放在了他身上，总是在他身边坐着劝慰他。所以，他总感觉有人会劝慰他，有人会陪他玩耍，其实这种印象是不真实的。后来那位女佣结婚了，离开了他，当时他才四岁。他送她去了车站，一直都在大哭。他曾在她走了以后告诉母亲："现在这个世界上再也没有人爱我了，我的保姆离开了我。”

我们可以发现，这个男人始终都在寻求一个永远能够安慰他、为他带来快乐并且只关注他的人，他的原型在寻求这种理想人物，成年后的他也在寻找。他是因为不能一直得到慰藉和快乐才生病的，而不是因为空气太少才难以呼吸的。很明显，他很难找到能让他一直快乐的人。从某种程度上来说，他总是希望能够控制环境，这种期望也能帮助他达到控制的目的。所以，只要他呼吸困难，他妻子就不会想着去社交场合或者去剧院了。所以，他达到了自己的“优越目标”。

从外表看，我们不能责怪他，因为他一直都没有犯错。但他心里有一种欲望，他想要操控别人，他想改变妻子的物质化个性，变成理想主义的人，比如让妻子变得像他那样。我们应该怀疑，持有这种动机的人和表面上这样的人是不是一样的……

对于那些视力存在障碍的儿童，我们经常发现他们对能看见的事物非常感兴趣，甚至在这个领域形成了特别的能力。以杰出诗人古斯塔夫·弗雷塔格为例，他的成就非常大，但他的眼睛有散光的毛病。很多画家和诗人的眼睛都存在缺陷，但这也是他们在这个领域兴趣浓厚的原因。“因为我的眼睛和别人不太一样，”弗雷塔格评价自己的时候说，“所以我就不得不锻炼和发挥我的想象力。不管怎么说，我在想象中看到的，要比其他人在现实中看到的更加清楚。究其原因，完全是视力造成的，虽然我不知道我能成为一名优秀的作家是不是也因为这点。”

如果观察这些天才，那就会发现他们中的很多都有各种不足，比如视力障碍。在各个时代的历史记载中都有类似的例子，甚至连神仙都不能幸免，总有一只或者两只眼睛是瞎的。有些天才人物基本和瞎子没有分别，但在识别和区分色彩、影子和线条的区别时，他们却比其他人更加擅长。我们从这些事例中可以发现，如果知道残疾儿童的问题出在哪里，那么就能确定怎样应对和治疗他们的问题。

有些人比其他人对食物更加感兴趣，他们会经常讨论自己能吃或者不能吃某些食物。他们之所以比其他人对这点更感兴趣，可能是早年饮食上出过问题，也有可能是在他们童年的时候，母亲的照料无微不至，经常告诉他们能吃或者不能吃哪些食物。他们要锻炼自己，战胜这些障碍，虽然不太情愿但也逐渐对自己的日常饮食关注了起来。最终，对食物的注意使得他们成了饮食问题专家，或者学会了烹饪。

不过，有些人的肠胃功能存在问题，他们就会寻找能够取代食物的事物，比如这种替代品可能是金钱。这些人可能变成了银行家，钻进了钱眼里，变得非常吝啬。他们可能会非常辛苦地工作，不分昼夜为了攒钱而努力奋斗。我们经常说有钱的人患有胃病，这种现象非常有趣。在这一类人中，他们可能永远都关注自己的买卖，所以要比同行的其他人出色很多。

大脑和身体之间存在一定的联系，我们现在就来讨论这种联系。一种缺陷所造成的结果未必与之相同。某种乱七八糟的生活方式，未必是某种生理缺陷的结果。只要选择合适的营养方案，生理缺陷就基本能够得到妥当的治疗，生理上的不适也能消失。其实悲惨的后果未必是生理缺陷造成的，患者的态度才应该为此负责。这也是为什么个性心理学家认为，并不存在必然的因果关系或者完全的生理缺陷，而且患者对自己身体状况所持的态度是错误的。个性心理学家从这个论点出发，提出要抵抗原型发展中的自卑感，就要学着培养拼搏的精神。

自卑感强烈的表现

我们有时候会看到一些因为不能耐心处理问题而焦躁不安的人。如果我们看到某个人无法控制情绪而又脾气暴躁，并且总是处于活动状态，那么就可以认定这个人非常自卑。假如一个人相信自己能够克服困难,虽然他不一定总是成功,但也不会感到焦虑。自卑感强烈还表现在儿童的好斗、草率、骄傲。找出他们的问题出在哪里,就是找出他们为什么自卑,我们有责任找到自卑的原因,这样才能针对性地为他们提供治疗。我们绝对不能指责或者惩罚原型生活习惯中的错误。

我们可以通过非常特殊的方法来辨别儿童身上的原型特征。我们能够通过各种活动来辨别原型存在的特点。比如，他们不断设立目标并且努力接近目标，他们为了达到超越他人的目标而坚持奋斗，他们对不同的事物表现出各种特别的兴趣。有一些人有种尽量排斥他人的个性，他们不相信自己的表达能力和行为，只想在自己觉得安全的小范围内逗留，不想融入新的环境，不管是在生活、学校、婚姻里，还是社会中都是如此。他们希望达到优越的目标，但是只想在狭窄的范围内取得巨大的成功，我们发现具有这种特点的人非常多。其实应对所有的事情一定要做好遇到各种情况的准备，才能够取得成果，可是他们并不懂得这一点。要是有人失去了与他人或者环境交往的可能，他就只能以自己的知识作为评价自己行为的标准，其实个人的知识根本不够，人需要常识，也需要与社会交往。

如果一名哲学家想要完成他的作品，那么他就要集中思想，总结自己的论点，还要使用正确的方法。这就需要长期独处，他不能总和其他人一同去用午餐或者赴晚宴。不过在这以后，他还是需要接触社会，这样才能够发展自我。在他的发展中，这种交往是非常重要的。我们一定不能忘记，如果遇到这样的人，要考虑他的需求是双方面的。同时我们还要牢记，至于这对他是否有用，也是不确定的。对于他的有用行为和无用行为之间的区别，我们一定要认真区分。

人们经常为了去寻找一种自己的地位比别人更加高的环境而去努力奋斗，这个事实中包含着整个社会进展的关键。所以如果一个小孩的自卑感比较强，那么他的玩伴可能都是比他弱的孩子，或者他能够管制和压制的孩子；对于比他强的同龄人，他总是在排斥。这表现为一种病理性的不正常的自卑感，自卑的程度和特点才是关键，但自卑的意识并不太重要。

这种不正常的自卑感，被称为“自卑情结”，不过这种自卑感已经深入社会个性中去了，所以“情结”这个名称并不太准确。这基本上算是一种疾病，而不只是一种感情。随着境况的不同，其危害程度也在变化。所以如果一个人在工作，而且他对自己的工作非常有信心，那么我们就不能发现他的自卑感。但另一方面，他可能对自己与异性的关系，或者与社会的适应关系感到不自信，这时他真实的心理状态是能够被我们挖掘出来的。

在艰难而又紧张的环境中，我们发现错误基本会变得更加严重。陌生的环境或者艰难的环境，能够真实地体现出原型。其实，如果某种环境是艰难的，那么基本也是陌生的。这也就是在一种新的社会环境中，社会兴趣的程度能够暴露出来的原因。对于这一点我们已经在第一章讨论过了。

假如把一个孩子送去上学，然后观察他在学校里的社会兴趣，并把这种兴趣当作社会生活中的兴趣来考虑，我们能够看到什么呢？他在躲避自己的同学，还是与同学们友好共处？有些孩子总是犹豫不定，想要让他有所行动，就要满足附加的条件。我们一定要仔细观察同样的特点是否会在他们的个人生活、婚姻生活、社会生活中表现出来。有些孩子非常聪明，但也过于调皮，活动频繁，我们一定要对他们的内心世界进行观察，才能发现到底是什么原因。

有些人经常抱怨："我原本应该从事那样的工作……""假如我是他，我会这么做……""我本来能胜过他……可是……"自卑感强烈的信号包括所有类似于"是的……可是……"的句子。其实，如果我们理解了这些话，就会从这种不确信的感情中发现新的问题。我们很清楚，一个患有疑心病的人总是什么都做不好，原因就是他疑心太重。不过，如果"我不去"这种话从他口中说出来，那么他就一定会去。

如果一名心理学家想做深入的观察，那就一定会发现有些人是非常矛盾的。自卑的表现也包括这些矛盾，不过实际情况并不仅仅是这些。对于眼前的问题人群的行为，我们一定要进行观察，这样才能发现他们与人接触、相处的方式非常匮乏。我们要观察，他们在与人接触的时候，身体表现出哪些姿势，会不会犹豫。在他的生活里，我们常常看见这种犹豫不定的态度。自卑感强烈的表现还有，向前迈一步又向后撤一步，很多人都是如此。

训练这些人甩掉迟疑的态度是我们的整体目标。妥善的处理方式绝不是打击，而是鼓励。我们一定要让他们相信，自己有能力处理生活中的问题，有能力克服困难。正确应对自卑的唯一方法和建立自信的唯一方式莫过于此。

/ 第三章 /

优越感

▼

▼

普通情况

案例

我们在第二章已经讨论了自卑情结，以及普通自卑感与自卑情结的关系。我们所有人都有自卑感，也要对抗自卑感。优越感是一种与自卑感相反的感情，我们现在就要讨论这种感情。

我们已经了解，在个体的发展过程和行为中，生活中的各个特征是如何体现的。所以我们认为，不管过去还是将来，个体的特征都会存在。过去意味着我们正在试着与缺陷或者自卑感相对抗，将来则意味着和我们的目标与奋斗联系密切。我们因此而对自卑情结的出现、优越情结的连续、过程的动态发展感兴趣。不过，这是两种相互关联的情结，所以如果我们发现在一定程度上，优越情结暗藏在一些自卑情结中的事例，也不必大惊小怪。同理，如果在寻找优越情结，并对其连续性进行研究的时候，在某种程度上也能发现自卑情结暗藏在其中。

普 通 情 况

不过，我们要明白，“情结”这个词缀于优越和自卑之后，只是说明在探求优越和表现为自卑的时候，程度比较严重而已。一个人身上明显存在一种矛盾——优越情结和自卑情结之间的敌对性，但如果我们用以上观点来解释，那么这种敌对就消失了。很明显，自卑感和追求优越是互补的，这一点与一般的感情是一样的。如果不能察觉到我们现在也存在某种缺陷，那么就不可能去寻求成功和优越。我们知道，自然感情是这些情结的发源地，若是这样我们就可以断定，如果这些情结是矛盾的，那么同样多的矛盾也存在于自然感情中。

寻求优越是没有尽头的。其实，人的精神和思维都是由寻求优越组成的。生活要成为某种方式或者完成某个目标，就像我们前文提到的那样，要将这种计划转化为行动的力量，就要追求优越，它就像一湾溪水，所有遇到的事物都会被一同冲走。我们可以观察那些怠惰的孩子，他们对什么事情都没有兴趣，也不爱活动，我们可能会认为他们并没有运动。不过就算是这样，那种寻求优越的期望，也是可以在他们身上发现的。他们在这种欲望的驱使下会说："假如我勤快一些，说不定总统的位置就是我的。"可见，他们也在努力、在运动，不过要有一定的条件，他们才可能去努力、去活动。在他们看来，自己在积极生活方面的成就不少，只需要……也就是说他们过于自负。当然他们完全在空想，自己欺骗自己罢了。不过大家都知道，人经常在虚幻的想象中得到满足，尤其是勇气不足的人。他们总是想要躲避困难，认为自己不够强大，所以就想要绕开，这些人总是沉溺于虚幻中。只有这样做，他们才能感觉比现实中的自己更加聪明、强大。

有些儿童的偷窃行为就源于他们的优越感。他们认为自己把别人骗了，把别人的东西偷走了，可是别人却根本不知道。他们可以不费劲就积攒财富。罪犯经常认为自己是英雄，要比其他人高明，可见这是一种非常常见的优越感。

对于这个特点，我已经从把它作为智力系统表现形式的角度来讨论了。它既不是社会的意识，也不是共同的意识。杀人犯认为自己是大英雄，但这仅限于他们自己这样认为。他们勇气不足，想要躲避生活中的问题，所以就只能做出这样的事。从这些分析可以得出，犯罪行为是优越情结的产物，而不是原始的或者本性的歹毒的产物。

同样的特点也见于神经病患者身上。比如，有些人因为失眠而没有充足的精神完成第二天的工作，那么他们就认为自己无法做好曾经完全能做好的工作，认为自己不应该被要求去工作。“如果让我好好睡一觉，没有什么我干不了的。”他们悲哀地感叹道。

忧虑症患者身上也有同样的症状。因为忧虑，他们总会把自己摆在别人之上，如同一个暴君。其实，他们需要他人的陪伴，不管是做什么，或者在哪里，都应该有人在身边，他们用自己的担忧来操控别人。那些陪着他们的人不得不让生活符合他们的要求。

家庭中关注的中心是精神混乱的人和抑郁的人。我们在他们身上能够看到一股力量，可这股力量竟然受自卑情结的控制。哪怕他们埋怨体重轻了、身体瘦弱等，也还都是压在健康人身上的强者。在我们的文化中，弱小的人也是强大的，所以我们不必惊讶于这点。（假如问道：“谁是我们文明中最强大的人？”那么应该回答：“婴儿。”这才是最有逻辑性的答案，因为婴儿不会被人控制，但却可以控制他人。）

我们要探讨自卑情结和优越情结之间的关系。比如，一名问题儿童有优越情结，喜好争斗而又傲慢自大，总想表现出比实际更加强大的样子。我们知道，脾气差的儿童想要达到压制别人的目的，就会使用突然袭击的方式。这是一种急躁的做法，可到底是什么原因呢？其实，他们感到自卑，因为他们不相信自己已经强大到能达成自己的目的。我们在儿童打架的例子中可以发现，那些好狠斗勇的孩子身上都有自卑情结，同时他们也都有克制自卑的期望。他们好像在绞尽脑汁地踮起后脚跟，让自己看起来更雄伟一些，用这种简单的方式来取得优越、骄傲和成功。

我们一定要找到治疗这些儿童的方法。这些儿童没有看到事物的自然顺序，也没有发现生活的连续性，因为他们都没有认识到这些，所以才会有上述行为，可见我们并不应该责怪他们。假如他们直接和这些障碍对峙，就会一口咬定自己感到非常优越，根本就没有自卑。所以，我们要让他们一点儿一点儿地认识到这些问题，我们要友善地把我们的观点解释给他们听。

对于一个喜欢炫耀的人来说，他可能只是因为感觉自己在生活中有意义的地方与其他人竞争的能力不够，所以才会有自卑感。这也是为什么他总是关注生活中没有意义的地方。他不能很好地适应社会，不能与社会友好接触，也不知道如何处理生活中的社会问题。我们可以发现，他在童年时期经常排斥和抵抗自己的老师和父母。我们应该理解自己所遇到的这种案例，同时也应该让孩子们理解。

我们可以发现，神经病患者中的优越情结和自卑情结是联系在一起的。神经病患者经常认识不到自己的自卑情结，但却能表现出优越情结。

在一个家庭里，假如有一个孩子非常受宠，那么剩下的孩子就会尽力寻求优越情结，这是因为他们产生了自卑感。如果他们的兴趣集中在关注别人，而不是围绕自己转，那么他们就会很好地处理生活中的问题。不过，如果他们心中已经留下了自卑情结的明显痕迹，就会发现自己对别人利益的关心少于对自己利益的关心，好像在一个有敌意的环境中生活，所以他们的公共意识都是不足的。他们在面对生活中的社会问题时总是带有一种情感，但对于解决问题来说，这种情感却没有什么作用。所以，他们为了寻求摆脱束缚而来到了生活中没意义的那一面，其实这只是一种表面的摆脱束缚，他们在依靠别人，而且没有使问题得到解决，可见真正的摆脱束缚并不是这样的。他的生存必须依靠别人，就像是一名乞丐，为了追求束缚只能像神经病一般地表现自己的懦弱。

人性有一个特点，即不管是成人还是儿童，如果感到懦弱，就会去寻求优越，而不再对社会产生兴趣。他们希望通过这种方式使生活问题得到解决，希望在不卷入社会兴趣的同时，就能找到个人的优越感。如果一个人在把社会兴趣和优越结合起来的同时，还想尽力追逐优越感，那么他就可能在生活有意义的方面驻足，并且取得一定的成果。然而假如他的社会兴趣不足，那么对于解决生活问题来说，他所做的准备还不够。就像我们所说的那样，这一类人包括自杀者、罪犯、精神混乱者和问题儿童。

在讨论正常人与优越情结和自卑情结的关系之前，我们不应该草率地对优越情结和自卑情结的问题得出普遍性结论。所有人都会感到自卑，就像上文提到的那样，不过自卑感不是某种疾病。恰恰相反，对于正常的、健康的发展与努力而言，这恰好是一种激励。如果一个人彻底被这种不足的感觉压制住了，并且不能接受参与积极活动的刺激，那么他才不会努力，才会变得压抑，这时自卑感就可能发生变质，成为一种疾病。对于一个具有自卑情结的人来说，一个躲避困难的方法就是形成某种优越情结。虽然他不够优越，但他可以假定自己足够优越。他不能承受的自卑可以通过这种虚幻的成功得到补偿。正常人是不会有优越感的，更何况是优越情结。不过他的努力仍然是为了优越，我们都会产生的取得成功的伟大心愿，就是这种优越感。精神的源头就在于虚幻的价值观，但只要他的努力表现在事业方面，他就不会产生虚幻的价值观。

案 例

如果想要解释清楚这个问题，我们可以了解某个强迫性神经病患者的病例。有一个女孩，她非常年轻，她的姐姐和她后来的生活关系密切。人们都称赞她的姐姐长得漂亮。在一个家庭中，如果某个成员要比其他成员都优秀，那么剩下的家庭成员都会受到消极的影响，这是一个从最开始就非常重要的因素。其实，不管是儿童、父亲或者母亲，只要是受到了这种影响，就都会出现完全相同的结果。这个家庭的其他成员所处的境地会非常艰难，有时候他们甚至会无法承受这种艰难的处境。

这名女孩就成长在这种不太积极的环境中，她认为自己受到的压制非常多。如果我们此时了解的事情也是她能了解的，或者她有一定的社会兴趣，那么她就会沿着某个方向成长下去。她开始学习音乐，但总是担心姐姐在众人面前得到老师的夸奖，所以她总是非常紧张，这样就产生了一种自卑情结。这个因素还使她的学习遇到了困扰。后来，她的姐姐结婚了，那时她二十岁，但她还想和姐姐比，于是也开始寻找未来的丈夫。她就这样一直深陷下去，逐渐和生活中有意义的、健康的一面背道而驰。最终她的结论是，她具有一种魔法力，能够把人送到地狱里，因为她是一名坏女孩，非常非常坏。

我们可以认为她的优越情结就是这种魔法力。同时，就像有的富豪总是埋怨自己不幸地成为富豪一样，这个女孩也不断地埋怨。她认为自己有上帝一样的能力，可以将人们推入地狱，同时也经常想到自己可能让这些人得到救赎。不管是哪种想法，其实都是非常经不起推敲的，不过这种虚幻的感觉让她相信她那位深受宠爱的姐姐没有她的力量强大。若是想要打败姐姐，这个方法倒是能用上。所以她又对自己的能力感到不满，越是不满就越是让人坚信这种能力掌握在自己的手中。不过，假如这种能力遭到了她的讽刺，那么她所坚持认为的就未必可信了。所以，她要是想要对命运感到高兴，就只能表示不满。所以我们可以发现，某种优越情结可能没有在实际生活中得到认可，这种暗藏的优越情结的真实存在，又弥补了她的自卑情结。

现在，我们来讨论那位深受喜欢的姐姐。她曾经也被娇惯着长大，是家里唯一的孩子，整个家庭都以她为中心。不过，她的地位在三年后发生了变化，家里迎来了她的妹妹。现在她突然失去了自己的地位，她曾经是家里唯一被关注的焦点。所以，这个女孩变得争强好胜。不过，她的争夺只发生在对手比她更弱的情况下。她只与不如她的孩子争抢，可见虽然她很要强，但到底没什么勇气。假如，她所在的环境里的孩子没有一个不强的，那么她就会变得压抑或者性情扭曲，根本就不会争抢。如果这样，她家里的人可能就不那么喜爱她了。

在这样的环境中，姐姐感觉自己受到的喜爱没有曾经的那么多了。大家对她的态度发生了变化，于是她更加肯定自己的判断。我们应该能够理解她为什么直接攻击自己的母亲，因为她认为另一个孩子是母亲带到家里来的，所以母亲是一个罪人。

同时，她的小妹妹还是一个婴儿，必须被宠爱、关照和照料，凡是婴儿都应该如此。可是小妹妹根本不需要为争夺宠爱而去努力，因为她本身就处在一个备受关爱的环境中。妹妹成为家庭的核心人物，成为一个让人喜爱的、甜美温和的小姑娘。其实，有时候在美德面前表示服从也能让人敬佩。那么，我们来研究生活中的有意义的方面到底包不包括这种温和、甜美和友善。我们可以假设，因为她备受宠爱，所以才变得可爱温顺。不过，娇惯的孩子在我们的文化中并不是备受宠爱的。有时候，她的父亲也发现，这种情况必须要终止了，而且还付诸行动。有时候，承担这项责任的应该是学校。这个一直处于危险状态的孩子因此而产生了自卑感。不过如果她所在的环境比较适宜，那么这种自卑可能并不会被人发现。不过，要是环境不那么顺利，她就变得压抑，甚至会崩溃，优越情结就这样产生了。

自卑情结和优越情结都是生活中没意义的一面，在这一点上，两者是一样的。我们永远都不会看到，一个具有优越情结的、骄傲无礼的孩子，会处在生活中有意义的一面。

来到学校以后，一些被娇惯的孩子所处的境地就不再是顺遂的了。此时，他们对生活的态度是迟疑的，比如我们前面说到妹妹就属于这种情况，他们向来不会做完一件事。她开始学习钢琴、缝纫等技能，但没多长时间就停下来了。另外，他们对生活的兴趣也没有了，整日忧郁而又沉陷其中无法自拔。她感觉自己头上有一团阴影，那就是她的姐姐总是被人喜欢。她的迟疑让她的性格变差了，变得懦弱。

此后，她的犹豫还表现在工作中，她什么事都做不完，虽然她想把姐姐比下去。她在婚恋上仍然迟疑。她一直在寻觅，终于在三十岁的时候找到了一个男人，可这个男人患有肺结核，她的父母必然反对她做出的选择。在这个时候，她父母的反对使这场婚姻没有结果，她根本不需要做任何事。一年后，她结婚了，男人比她大三十五岁。要是用现在的眼光看，这个男人算不上是一个“真男人”，这场婚姻没有任何意义，当然也称不上是婚姻。我们发现这种行为中通常都隐藏着自卑情结——所选择的配偶要么不可能结婚，比如一个已经结婚的人，要么年纪非常大。所以一旦出现了阻碍，他们的懦弱就会暴露出来。这个女孩只能选择另外一条道路满足自己的优越情结，因为她的优越感在婚姻中没有得到满足。

她坚定地认为，责任是这个世界上最重要的事情。要是摸到了什么人或者东西，她就要再洗一遍手，其实她总是没完没了地洗手。其实，她不停地洗手，使她的手变得非常粗糙，这样很多脏东西就留在了手上，所以她的手还是脏得不像话。就这样，她变得彻底孤独了。

她认为这个世界上唯一干净的人就是自己，虽然她的各种表现看似属于自卑情结。因为别人不像她那样对洗手非常执着，所以她就会责怪或者批评他人。她总是想着比其他人强，好像在哑剧中扮演自己的角色。她确实比别人强了，不过要通过一种虚幻的方式，因此这个世界上最干净的人非她莫属。我们发现，她那种极其明显的优越感，就是由自卑情结转化而来的。

我们在控制欲非常强的自大感中，也能看到同样的现象，有人认为自己是帝王或者基督耶稣。他们非常生动地演绎着自己的角色，在生活中处于无意义的一边，在生活外被孤立。我们在追溯他的过去时会发现，他之所以用一种没有任何意义的方式表现出优越情结，完全是因为极其自卑。

有一个住进了精神病院的十五岁男孩的病例，原因是产生了幻觉。这件事发生在战前，他在幻觉中认为奥地利国王死了，说国王给他托梦，让他带领奥地利士兵与敌人厮杀，这当然都是不可能的。报纸上写到国王乘车出行，或者待在城堡里，所以他应该是在胡思乱想。他还是一个又矮又小的孩子，这时候有人让他看报纸。看过以后，他还是认为国王给他托梦，国王已经去世了。

当时，个性心理学正在研究，对于一个人的优越感和自卑感来说，睡前的姿势有怎样的重要作用。很明显，这个男孩的案例对这项研究提供的证明非常有用。有些人睡觉的时候头被被子蒙起来，他们弯着身体，像一只刺猬一样躺在床上。这种姿势说明他们有自卑情结，难道我们要认为他们是有勇气的人？假如一个人的身体挺得非常直，那么我们是不是要认定他在生活中很容易对其他事物表示顺服，或者是一个懦弱无能之辈？就像他在睡觉的时候所展现的那样，他能够展露出自己卓越的能力和崇高的品性，不管这些品性和能力是潜在的，还是流于表面的。长期的观察发现，趴着睡觉的人基本都是喜斗而固执的人。

我们做了一些观察，试图证明男孩睡觉时候的姿势与他醒时的行为有怎样的联系。他总是把两只胳膊交叉放在前胸，这是一种和拿破仑比较相似的睡姿。众人都在照片上看到了这种拿破仑式的睡姿——双臂交叉放在胸前。到了第二天，人家问这个男孩：“你能不能从这种姿势想到曾经认识的人？”男孩说：“嗯，想到了我的老师。”这是一个令人感到迷茫的回答。不过有人提醒说，说不定这名老师和拿破仑有点像。这名男孩非常喜欢这位老师，也希望成为一名这样的老师，事实果真是这样。不过，男孩被家人送到了餐厅去做工，原因是家里没钱让他上学。餐厅里的所有客人都嘲笑他，因为他个子比较矮，这是一种耻辱，他无法忍受，他想要摆脱。他确实躲开了，只是到了生活中没有意义的一边。

对于这名男孩身上发生的故事，我们现在可以理解了。最开始的时候，他就产生了自卑情结，一位餐厅里的客人总是嘲笑他是小个子。不过他想成为一名老师，他在寻求卓越，可是他没能达到这个目标，遇到了一些障碍，只能躲开了，最后来到了生活中没用的一边。他得到这种优越感，不过是在睡觉的时候。

现在我们可以知道，不管是生活中有意义的一边，还是生活中没意义的一边，都可能出现优越的目标。比如说，两种情况可能发生在一个仁善、慈悲的人身上：一是他在吹捧自我；二是他喜欢帮助别人，能很好地适应社会。对于前者，心理学家遇到过很多，自我吹嘘、说大话，是他们的主要目的。比如说一个男孩，他在学校里的表现并不出色。其实他甚至会盗窃或者逃学，品格非常差。但他却总是说大话，自卑情结就是他这些行为的根源。他通过一种虚荣的、无耻的方式，来达到美好的目的。所以，他开始给妓女买花或者各种礼品——用自己偷来的钱。后来，他驾驶马车来到一个小镇上，这个小镇非常远，他在这里找了一辆马车，要六匹马驾驶，他就这样得意扬扬地在镇上晃悠，最后被人抓住了。他想要表现得比现实中的自己更加强大，比任何人都强大，每一种行为都是这个目的。

有人说自己很容易就能成功，犯罪行为中也有类似的特点。纽约的几家报纸在不久以前报道了一个案例，一个小偷潜入了一名教师家，并且和他们展开一场激辩。小偷教育这些妇女，成为一名小偷是非常容易的，但若是做一份老实而又一般的工作，将会遇到很多烦心事。有些人来到了生活中无意义的一边的同时，还产生了一种优越情结，这种情结就是在他选择无意义道路的途中产生的。他认为女人没有他强大，尤其是女人手无寸铁，但他手里却拿着家伙。其实他就是一个胆小鬼，可是他能认识到吗？我们知道，这种人想要摆脱自卑情结，来到了生活中没有意义的一边。他就是一个胆小鬼，可他认为自己不是胆小鬼，而是一名英雄。

还有一些人想要解脱，想要逃离这个世界上的所有困难，最终选择了自杀。他的优越感来自于看轻生命。其实，他们也是彻头彻尾的胆小鬼。我们知道，弥补自卑情结是优越情结的第二个阶段。我们一定要随时找寻这种联系，其实这种联系与人性是一致的，只是看起来很矛盾而已。一旦我们找到了这种联系，就能够治疗优越情结和自卑情结了。

/ 第四章 /

生活习惯

▼

▼

对生活习惯的理解

修正生活方式

有两棵松树，一棵长在山顶，一棵长在山谷，如果我们认真观察，就会发现它们的生长状况完全不一样。它们有各自的生活习惯，虽然都属于松树这一树种。山谷中的生长习惯完全不同于山顶上的生长习惯。树的生长习惯，在一定的环境中形成并表现出来，就是树的个性。当我们在研究某种生长习惯的时候考虑到了环境的背景因素，那么就会注意到，这并不同于我们的期望。由此我们可以知道，每棵树并不只是机械地回应环境，它们都有自己的生长习惯。

人也是一样的，我们若想要研究一个人的生活习惯，就一定要关注环境条件。随着环境的变化，人的意识也会发生变化。所以，观察生活习惯与现实环境的直接关系是我们的目标。对于一个处在顺境中的人，我们可能无法清晰地看出他的生活习惯，但如果他处在一个陌生的、困难不断的生活环境里，他的生活习惯就能够非常明显地暴露出来。假如一名心理学家非常有经验，那么就算某个人处在顺境之中，他也能够看清这个人的生活习惯。不过对于普通人来说，要想看到某个人的生活习惯，就只能等他处于逆境中的时候了。

生活里到处都是困难，而完全不是游戏。人们总会遇到困难重重的环境，对于人们遇到困难时所表现出的特别的性格特点和不正常活动，我们一定要进行研究。就像前面说的那样，生活习惯是一个整体，因为在早期生活的困难中，以及追求目标的过程中，它就已经形成了。

然而相比于我们对过去的兴趣，我们对未来的兴趣更加浓厚。我们一定要理解他的生活习惯，才能够理解一个人的未来。假如连这一点都做不到，那么就算是我们把驱力、刺激、本能等因素都考虑到了，那也不能够对未来做出预测。有的心理学家在得出结论时，试图通过关注创伤、印象、本能等一系列因素的方式来得到帮助。不过只要深入地进行观察，就能够发现，这些因素都在说明，某种生活习惯从头到尾都保持一致。所以，无论哪种类型的刺激，所起到的作用不过是“维持”和“保护”某种生活习惯。

那么，我们在前几章里所讨论的问题，是怎样与生活习惯的观点紧密联系起来的？我们已经说过，在面临困难的时候，一些有生理缺陷的人会产生自卑感或者是自卑情结，并因此备受煎熬。

而且，这种状态是人们无法长期承受的。因为有自卑的刺激，他们会行动起来，这样就会产生一个新目标。长期以来，个性心理学用“生活计划”这个词来概括这个目标持续的一致性活动，不过因为学生常常对这个名称产生误解，所以我们把它称之为生活习惯。

因为每个人都有自己的生活习惯，所以在对他的未来进行预测的时候，就好像看一场戏的第五幕，可能只是通过让他回答问题，或者观察他与别人的攀谈，就得出了结论。这个过程会暴露出所有神奇和玄奥的东西。因为我们对生活中的各种困难、各种问题、各个阶段都有所了解，所以我们才能够预测未来。对于不同类型儿童将要发生的情况，我们可以通过下面一些事件中的信息和经验来做出判断，比如有些儿童总是让自己远离他人，有的儿童被溺爱，有的儿童要依赖他人，而有些儿童在进入了新的环境时表现得非常迟疑。假如某个人的目标是寻找一个让自己可以倚仗的人，那么他会遇到什么样的情况？在遇到生活中的问题时，他可能会躲避处理问题，也可能表现得踌躇、犹豫、停滞。因为我们已经多次看到过与之相似的情况了，所以能够明白他的这些行为。他希望被人宠爱着，不愿意自己一个人前进，他想和生活中的重大问题离得远远的。他让自己忙于那些根本没有意义的事情，而不是想着去为了有意义的事情而奋斗。他缺乏社会兴趣，所以最终成了一名罪犯、一名神经病患者、一名问题儿童，甚至会为了彻底解脱而选择了自杀这条路。我们在过去也了解这些情况，不过我们现在了解得更加透彻。

比如，我们已经知道可以用正常的生活习惯为标准，来研究一个人的生活习惯，还可以在研究正常外的变化形式时，以社会适应良好的人作为标准。

对生活习惯的理解

现在我们应该解释一下明确生活方式、生活习惯的方法。另外，我们还要在正常生活习惯的基础上，认识各种特别的和错误的生活方式，说不定我们可以从中受益。不过我们首先要提出，我们在划分各种人的类别时，不应该使用这种研究方式，然后再对这个问题展开讨论。我们之所以这样做是因为，就像不能发现同一棵树上有两片完全相同的树叶一样，也不可能找到两个完全相同的人，因为每一个人都有自己独特的生活习惯。要知道大自然是非常多样的。我们很难统计出错误本能和刺激的可能性，所以也不可能找到两个完全相似的人。因此在说到分类的时候，我们只是为了更加方便才归纳出相似之处，这是一种明智之举。我们可以提前设定一种简便的分类，比如归纳出某个类别，然后研究这个类别的独特之处，这样我们的判断就会更加准确。不过，如果我们真的这样做，那么我们所使用的划分方式，应该是有助于解释某种特别的、相似的类别的，我们不应该总是使用同样的分类方式。有的人在对待划分和类别的时候非常严谨，一旦某个类型能够容纳某种人的特点，他就绝对不会想到另外一个类型也能够容纳。

为了能够解释得更加清楚，我可以举一个例子。比如，当我们说到某种类别的人不适应社会的时候，我们说的是他生活比较孤独，对人生、对社会都没有任何兴趣。虽然这种方法也可以划分人的类别，而且还可能是最重要的方法，不过我们很容易发现，在认识每一个个体的时候，有些人的兴趣总是集中在视觉事物上，不管他这些兴趣是怎样有限，而另外一些人的兴趣却集中在口头事物上。所以我们知道，虽然这两种人都能够适应社会，但他们却是完全不同的。在这两者之间，我们很难建立起一定的联系。如果我们没有认识到使用这种抽象的方法，只是为了在划分类别的时候更加简单，那么这种划分方法可能会导致混乱。

正常人是我们衡量变化形式的标准，所以我们现在要讨论正常人。对于在一个社会中生活的正常人的个体，他们的生活模式的适应性非常强——暂且不论他的愿望是不是与他所得到的好处相一致——这就使得他们能够从自己的工作中得到某些好处。从心理学的角度来看，在面临各种各样的困难和障碍时，他有充足的勇气和精力去解决。不过，在有心理疾病的人身上，我们完全不能发现这两种能力。他们不能在心理上调节自我以和每天生活中的任务和工作相适应，也不能够和这个社会相适应。

我可以拿出一个病例作为例子。这是一个男人的例子，他三十岁左右，面对问题时他总是在最后一刻选择逃避。他有一个朋友，不过他总是担心，觉得两人之间的友谊很难长久。对于发展友谊来说，这些因素都是不利的，因为有一方总是处于紧张的状态。因此他必然没有真正的朋友,有的只是能够和他打招呼的人。他不能适应与别人交朋友，也对此不感兴趣。其实他和别人在一起的时候总是静默不语，他根本就不喜欢和别人打交道。我们可以对此做出解释，他和别人在一起的时候，根本就没有什么话可以说，因为他完全没有自己的观点。

另外，他还是一个非常害羞的人。他说话的时候总是脸红，可如果害羞的情绪被克服，他讲话的时候也不错。不过对于这个问题，他需要的不是别人对他的批评，而是别人的帮助。所以，他的朋友们都不可能喜欢他紧张、畏畏缩缩的样子。他对此也有所感受，所以对说话就更加憎恶了。我们可以肯定，他的生活习惯就是，在与别人接近的时候总是关注自己。

在交往问题和社会生活问题以外，他还面临职业问题。在这方面，这位病人总是担心自己不能完成工作，所以他没日没夜地学习，把自己弄得非常紧张，而且又很疲惫，最终不得不辞职。

如果将他对待生活中的两种错误的态度进行对比，我们就可以发现,他一直都处于焦虑的状态中,这说明他的自卑感非常严重,他对自己的评价过低，而且认为新的环境和别人都是非常不友善的。所以，从他的各种行为看，都让人感觉到似乎他所处的环境对他有敌意。

对于这个人的生活习惯，我们此时已经有充足的材料来刻画。我们可以发现，他在恐惧的同时，又总是表现焦虑紧张、拘束，另外他也希望自己能够进步。让他向前走一步需要满足一定的条件，不然他宁可永远和这些令人厌烦的交往保持距离，或者是干脆在家里待着。

他遇到的第三个问题是婚恋问题，大多数人在对待这个问题的时候，所做的思想准备都是不足的。在和异性交往的时候，他也总是表现得很迟疑，他认为自己内心想要结婚或者是谈恋爱，可是又不敢面对自己的未来，因为他的自卑感非常严重，他希望所有的事情都能够符合自己的心愿。我们可以用一个转折句来描述他所有的态度和行为："是的……不过……"他竟然能够同时与两个女孩谈恋爱，不过这种事情对于神经病患者来说是经常存在的。因为从某种程度上来说，这两个女孩还不如一个女孩，很多一夫多妻的喜好都可以通过这个事实来解释。

现在我们可以探讨这种生活习惯是如何形成的。个性心理学的目标就是分析生活的习惯，一个人的生活习惯在他四五岁的时候就建立起来了。这个时候的某些悲惨事件可能使他的一生都会受到影响。对于这样的悲惨事件，我们一定要找出来。我们可以发现，他之所以失去了对人的正常兴趣，可能是因为某些东西在他的心灵上留下了痕迹。他认为与其面对生活中的困难，还不如直接撤退为好，因为生活中的问题非常严重。所以他就变得懦弱、谨慎，总是要想个办法逃避。

他可能是第一个孩子，这个问题一定要提出来。我们前面已经说过，第一个孩子的意义非凡。我们已经提到，这种情况下的第一个问题是，他一直都是大家关注的中心，而且这种情况保持了很多年。不过现在另外一个受宠爱的人取代了他光荣的地位。我们可以发现，由于别人得到了更多宠爱，所以很多害怕前行或者是害羞的人，都有这种倾向。可见，我们已经很容易地发现这种病例的问题所在了。

在大多数情况下，我们只要问病人一个问题："你是家中的第一个、第二个还是第三个孩子？"然后我们就会得到自己需要的资料了。不过我们还可以用另外一种完全不同的方法，对病人的早期记忆展开盘问，我们在下一章会占用一定的篇幅来讨论这个问题。我们所说的原型是早期生活习惯的一部分，原型就是这种最早的图像或者是早期的记忆形成的，所以这种方法非常有价值。如果某个人把他自己的早期记忆讲出来，我们就能够发现，人性中的真实部分便包括这些内容。我们现在可以回想一下，所有人都可以对一些重要的事情保持着记忆，另外有些不重要的事情也存在于记忆中。

有些心理学派的假设正好相反，他们认为最重要的事情是已经忘记了的事情。不过其实这两种观点的区别并不是特别大。一个人可能不知道记忆中的事对他有什么意义，也不知道他的行为和这些记忆之间有什么关系，但他仍然能告诉我们，这些事还在他脑子里记着。可见意识中的一些记忆的含义已经被忘记了，或者是被隐藏起来了。不管我们怎么样强调这种遗忘或者隐藏，都要重视被遗忘的记忆的重要性，所得出的结论其实是一样的。

对早期记忆的描述，哪怕是少量的，其透视度也非常高。我们可以通过这些记忆发现一个人的生活习惯。有些人可能会告诉你，在他小时候，妈妈总是带着他和弟弟去市场。他说到了他和他的弟弟，那我们就应该知道，他的弟弟对他来说一定很重要。另外，如果我们进一步引导他，他可能会想起下面这些事：没多长时间就下雨了，母亲把他抱了起来，可是当母亲看见他的弟弟时，就把他放下，然后去抱弟弟了。在这样的描述中，我们能够发现他的生活习惯——他认为有一个比他更受宠爱的人存在。所以对于他和别人相处的时候不说话的特点，我们就能够做出解释——他总是在到处观察比他更受欢迎的人到底都有谁。朋友的问题上也是这样的，他总是担心自己的朋友会有其他喜欢的人，最终的结果就是他没有一个真正意义上的朋友，而且永远都是如此。总是有一些小事能被他用来破坏友谊，因为他的猜疑心太重了。

另外，我们还可以找出他的社会兴趣发展是怎样被他经历的悲惨经历阻碍的。他曾经回忆起母亲抱起了他的弟弟。我们从这件事中可以发现，他已经感觉母亲对弟弟的关注更多了。既然他已经有了这种认识，那么他就要验证自己的想法，所以他会不停地寻找一些证据。他总是非常焦虑，因为他完全相信自己想得没有错。他总是感到非常困扰，因为他要去努力，而别人却更加受宠。

让他完全孤立是这种多疑的人唯一的出路，所以他要成为这个世界上的唯一，让他尽量避免和其他人去竞争。有的时候，孩子可能会产生某种幻想：这个世界只剩下他一个人了，整个世界都已经坍塌了，所以不会有人来与他争夺宠爱。他在寻找能够让自己得救的所有可能，不过他所走的道路却是虚假的、没有逻辑的、与常识相违背的。这条路线就是猜疑的道路。他生活在自己的世界里，这个世界非常狭小，他一直都在想着逃跑，他对别人不感兴趣，也与别人没有联系。其实他只是一个不正常的人，我们不应该指责他。

修 正 生 活 方 式

我们的目标就是，让这些人的社会兴趣能像正常人那样，能良好地适应社会，不过我们应该怎么做呢？其中最大的困难就是，对于这种人来说，他们总是过于焦虑，而且为了证实自己一直坚持的想法，总是在不断地寻找证据。他们的想法已经完全被先入为主的观点占据了。如果我们不改变这种状况，就根本不能让他们的观念发生扭转。我们一定要拥有某种技能和技术，才可能达到这个目的。医生对病人的兴趣不能太大，两者的联系也不能太密切，这就是最好的办法。因为假如医生对病历有了直接的兴趣，那么医生就会发现是因为自己的兴趣，才会关注这个病人，而不是因为病人的利益才去关注。另外，病人可能会因此变得疑心重重，因为他并不会注意到医生的反应。

使病人的自卑感减弱是关键之所在。自卑感是不可能完全消除的。另外，因为自卑感是激发某种奋进的基础，所以我们也不希望自卑感完全被清除。改变目标是我们一定要做的。因为我们已经发现，他（病人）在他人受到喜欢和欢迎的时候，才会以躲避目标为自己的目的。这是一种观念情结，我们一定要告诉他，他对自己的评价过低，这样他的自卑感才能够减弱。他的做法中经常有一些和常理相违背的地方，我们一定要向他说明。他感觉随时都会受到侵害，总是处于危险的境况中，时时都在提防。我们一定要解释，他实在是过于紧张了，世界上没有那么多的危险。另外，我们也要告诉他，阻碍他给人留下最好的印象、让他不能够做好工作的障碍物，就是他担心别人更受欢迎。

在社交场合中，某个人能够很好地接待自己的朋友，做好主人的角色吗？想到朋友们的利益和兴趣，他能够在一段时间内非常快乐，他的境况就会得到很好的改善。不过这种情况在平时的生活中却变了样。我们可能会发现他没有什么想法，也不能享受快乐，最后只是说："他们不能让我产生兴趣，也不能让我高兴起来，他们简直是一群蠢蛋。"

他的问题是，他的常识和个人智慧非常缺乏，使他不能够理解事情。他就像我们说的那样，过着一种与别人脱离的生活，他总是感觉四面都是敌人，只剩下自己这一头狼。这种生活在人类的环境中是变态的，也是非常可悲的。

还有一个比较具体的例子，也就是抑郁病人的例子，我们现在就来研究这个问题。抑郁这种疾病非常普遍，而且是可以治愈的，一般在患者年幼的时候就能够发现。其实我们已经发现很多儿童在来到一个新的环境时，都表现出一定的抑郁症状。现在我们说的这个病人大约发病了十几次。他一换新的工作就会发病，不过如果他一直在某个位置上待着，就会完全正常。他希望能够统治别人，但却不想进入社会，最后到了五十岁还没有结婚，而且也没有朋友。我们应该了解一番他的童年时代，然后才能对他的生活习惯进行研究。他从小就争强好胜，而且非常敏感，总是强调自己的虚弱和苦难，所以他的姐姐和哥哥都听他的话。在他四五岁的时候，有一次他在床上玩，把他的哥哥姐姐们全都推到了床下。因为这件事，他的姑妈把他训了一顿。他的回答是："现在我的整个生活都要崩溃了，都怨你责骂我。"

他总是在埋怨自己所受的苦、自己的虚弱，而且还希望能够操控别人，这就是他的生活习惯。在他后来的生活中，这种性格特点让他变得抑郁，其实抑郁症是懦弱的表现，而不是其他什么东西。所有的抑郁症患者基本都会说同样的话："我什么都没有了，我的整个生活都瘫痪了。"因为这些人一直都被娇惯着，所以在出现反差时，他的生活习惯自然就会受到影响。

不管是人类还是动物，对环境的反应都是非常相似的。所有的人对环境的反应都是一样的，但一只兔子、一只狼或者是一只老虎对环境的反应却是不同的。有人曾经做过一个实验，把三个男孩带到了狮子笼子前面，观察他们第一次看到这种恐怖的动物时会有怎么样的反应。第一个男孩说：“咱们回家吧。”然后转过了身体。第二个男孩表现得非常勇敢，他说：“真有趣。”不过说话的时候却在颤抖，其实他是一个懦弱的人。第三个男孩说：“我真想往它身上吐唾沫，可以吗？”在这个案例中，我们看到在同一个环境中的三种态度是不同的，三种反应也是不同的。另外，我们还发现，恐怖是大多数人都具有的特点。

在社会环境中，这种恐惧也会表现出来，恐惧基本是社会适应不良的原因之一，而且也是最频繁的原因之一。有一个人总是希望倚仗别人，自己从来不努力，因为他出生在一个社会地位很高的家庭。他肯定找不到工作，因为他变得非常懦弱。后来他家里的环境变差了，他的兄弟就告诉他：“你竟然找不到工作，实在太笨了，你真是什么都不懂。”后来这个人开始大量饮酒。几个月以后，他就变成了一个彻头彻尾的酒鬼，后来又在监狱里度过了两年。他的监狱生活对他是有益的，不过他又回到社会中去了，而且没有任何准备，所以这种有益不是永久性的。虽然他出生于一个声望很高的家族中，可他还是找不到工作，只能出卖自己的劳动力。没多长时间他就产生了幻觉。他认为自己不能够找到工作而成为别人的笑料。最开始他是因为酗酒才找不到工作的，后来却是因为幻觉而找不到。所以我们可以得出结论：我们让一个酒鬼找到自己的错误生活习惯并修正，单纯地让他清醒并不能解决问题。

我们在调查中发现，这个人小的时候就总是希望别人能够帮他，因为他是在溺爱中长大的。对于从事一份独立的工作，他的准备完全不充足，所以这个结果应该是我们能够预见到的。我们一定要让所有的儿童都有独立性。只有通过这个办法，才能够明白他们生活习惯中到底有哪些是错误的。至于上面说到的这个男孩，我们应该训练他开始某些活动，这样他就不会在自己的兄弟姐妹面前有羞愧感了。

/ 第五章 /

早期记忆

▼

▼

我们已经分析过个人生活习惯的重要性了，现在我们要分析早期记忆。我们发现，相比于其他方法，记忆是最为有效的揭示原型生活习惯的方法。对于了解生活习惯来说，回忆童年时代的记忆是最重要的方法。

不管是儿童还是成年人，想要找到他的生活习惯，就都应该听取他的埋怨，然后盘问他的早期记忆，最后来验证他说到的其他事和这些早期记忆是否相符。

生活习惯在大多数情况下都不会发生变化，一个人永远都是同一个整体，他总是保有同样的特点。生活习惯建立在某个人追求优越的目标并为之努力的过程中，就像我们说的那样，完整行动路线的有机组成部分，应该包括他的每一种感情、每一种行为以及说的每一句话。相对于在其他地方的表现，行动路线在上面例子中表现得更加清楚，尤其是在早期的记忆中。

不过我们不应该彻底区分出新记忆和旧记忆，因为新的记忆仍然和行动路线有关。不过，我们可以在人生的开始阶段发现一些问题，探究出一个人的生活习惯为什么不会发生变化。所以，从这个阶段去寻找行动路线更加明显而又清楚。我们发现，现在的行为和过去的记忆也存在某种关系。生活习惯在一个人四五岁的时候就开始形成。所以，在做了这些观察以后，我们还是要坚持这个理论。我们要想找到患者原型中的某个真实组成部分，就可以从他的早期记忆入手。

我们可以确定，当病人在回忆过往的时候，他的情感兴趣都表现在记忆中的事上。所以我们可以找到一条线索,进而研究个性。我们一定要承认，对个性和生活习惯来说，曾经忘掉的经历也是一样重要的。不过要找出这些无意识的记忆，也就是忘记的记忆，一般都非常困难。不管是无意识的记忆，还是有意识的记忆，都有一个共同特点：两者都是完整人生的一个部分，都为了一个优越的目标。如果有可能，我们最好找到这两者，因为它们最终都是同样重要的。在一般情况下，个体不太了解这两者。只有旁观的人才会去了解和解释这两者。

我们可以先讨论记忆。当问及一个人的早期记忆时，他可能会说："我根本就不记得了。"我们一定要让他集中注意力，认真回忆，再经过一番努力之后，你可能会发现他们还是记得有些事情。不过，他们好像是不太愿意回忆起童年的事，所以就会表现出迟疑或者拖沓。由此我们可以发现，他们有一个不快乐的童年。我们一定要引导他们、暗示他们，最后让他们想起一些事情，这样才能够找到我们所需要的材料。

有的人说就算自己一岁时候的事，他也能够记得起来，其实这种可能性非常小。实际情况可能是，这些记忆不是真实的，只是他们想象的。不过真实的记忆和想象的记忆，都是一个人人格的组成部分。不管这份记忆是否真实，都是不重要的。有的人坚持认为一些事情是父母告诉自己的，不是自己想起来的。就算是父母告诉的，他们也能够记在心里，所以不管是不是他父母告诉的，这都不重要。对于我们来了解他们的兴趣来说，这些也能够提供帮助。

记 忆 的 形 式

为了某种目的而对人做出划分，其实这种方法是非常便捷的，我们在上一章已经提过了。早期记忆的划分，能解释各种特别类型的人应该有怎样的行为。比如，有这样一个人，他曾经记得一棵圣诞树，说这棵圣诞树光彩艳丽，树上挂满了糖果、节日礼物、彩灯。这里面有什么有趣的事情呢？他肯定曾经看过这一幕，这就是有趣的地方。他为什么要告诉我们他曾经看过一棵圣诞树？因为他感兴趣的事情都是视觉事物。他可能遇到了视觉上的困难，并始终与之做斗争，同时在有意识的训练下，他开始关注起观看事物，并对此产生了兴趣。这并不是说，他生活习惯中最重要的要素就是观看事物，这只不过是有趣而又重要的一个部分。我们由此可以得知，假如让他从事某项工作，那么他可能会选择要使用眼睛的工作。

这是一种关于类别的原理，不过学校对儿童的教育却经常忽略这一点。我们发现，对视觉感兴趣的儿童总是想看些什么东西，而且不喜欢听课。如果要教育这样的儿童，那么就一定要耐心地告诉他们应该使用听觉。很多孩子在学校里都对某一种感官的活动表示出兴趣，所以在这一方面他们得到了教育。有的儿童可能在视觉或听觉方面比较擅长，有的儿童则可能喜欢工作或者是运动。我们并不指望同样的现象出现在三个不同类别的儿童身上，尤其是在某种教学方式比较受到老师偏爱的情况下。比如，某种教学方式对比较喜欢听觉的儿童有利，那么一旦这种教学方式被使用了，那些喜欢活动、喜欢视觉的儿童，就会感觉到不舒服，这种教学方式甚至会阻碍他们的发展。

我们可以举一个例子来说明。有一个年轻人，他现在二十四岁，患有偶发性的晕厥症，当问到他的早期记忆时，他说他曾经听到火车的汽笛声而昏倒，而他那个时候才四岁。也就是说，他曾经听见某种声音并对听觉产生了兴趣。我们在这里只需要了解他在小时候曾经对听觉非常敏感就足够了。我们没有对他后来是怎样患上偶发性晕厥症做出解释。他的音乐素质一定非常高，因为他对刺耳的声音、不和谐的声音和噪声都无法忍受，所以他对汽笛的反应非常大，这没有什么大惊小怪的。不管是成年人还是儿童，都因为受到某种痛苦而对此感兴趣。前面的章节里提到一个患气喘病的人，读者应该还记得他童年的时候，曾经因为某些事而被紧紧地绑起来，所以肺部受到了压迫，最后呼吸方式让他产生了特别的兴趣。

读者还可能注意到，有些人仅对食物感兴趣，那么饮食一定和他的早期记忆有关。在他们看来，吃是这个世界上最重要的事，不管是吃什么或者不吃什么。我们经常发现，在这些人的早期生活中，他们遇到了与吃有关的困难，所以他们非常注重饮食。

我们下一个要讲的例子与走路和运动有关系。我们发现，有的儿童患有软骨症或者是非常虚弱，他们在最开始的时候行走不灵活，所以他们总是想要走得快一些，走路让他们产生了接近于变态的兴趣。对于这方面，以下例子可以给出充分的证明。有一个男人到医生那里去抱怨。这个男人已经五十岁了，他说自己只要和别人一起穿过马路，就总是感觉两人都可能被汽车撞上，他非常害怕。不过如果他一个人穿过马路，他就会感觉非常坦然，从来没有害怕过。只要和别人一起穿过马路，他就抓住对方的手臂想要拯救那个人，一会儿把对方推到右边，一会把对方推到左边，最后对方就被他惹火了。虽然这并不是非常常见的例子，但我们偶尔也会遇到。对于这种愚蠢的行为，我们要分析一下到底是什么原因导致的。

当我们唤起他的早期记忆时，他说他曾经走路不顺畅，大约在三岁时，他患有软骨症（也就是佝偻病），曾经有两次在过马路的时候被碰倒。现在已经是成人了，不过他要向别人证明这一弱点已经被克服了，这对他来说非常重要。我们可以说，他想要证明能够穿过马路的人只有他自己。不管是什么时候，只要他与别人一同穿过马路，他就要证明这一点，所以他抓住每一个机会。很明显，对于大多数人来说，穿过马路是一件非常平常的事，所以根本就没有与人争个一二的必要。不过对于这种病人来说，这是一种非常强烈的欲望，包括想要行动的欲望，以及彰显自己行动能力的欲望，他要向别人显摆自己有这样的能力。

我们再举一个例子，这是一个罪犯。这个男孩已经也走上了正途，他以前曾有逃学、偷窃等不良行为，甚至他都让父母感到绝望。他的早期记忆都是东奔西跑、四处游荡。不过，他现在与父亲一同工作，一坐就是一整天。从这个例子中，我们可以发现，让他成为一名推销员，为他父亲的企业而往外奔走，就是治疗的方法之一。

记 忆 的 内 容

童年时期对于死人的记忆，是早期记忆内容中最为重要的一部分。如果儿童看到某个人死了，他们的心理将会受到非常明显的影响。这名儿童有发展成变态的可能，当然也可能没有发展成变态。不过他可能因为这件事而一辈子都研究死亡，甚至会为了与疾病和死亡做斗争,而倾尽所有的努力。我们会发现,在孩子后来的生活中,他可能会成为化学家或医生，也就是说他们会对医学感兴趣，他想帮助别人与死亡斗争，而不只是自己一个人与死亡斗争。也就是说他们的目标用在了生活中有意义的一面。然而有些时候原型也会变得非常自私，有一个小孩受他姐姐的影响非常重，有人问他以后想要做什么，如果他说当一名医生，那确实符合大家的希望。不过他的答案却是:“我想当一个挖坟的。”大家又问他为什么想做这个。他说:“我不想被别人埋，但是我却想埋别人。”由此我们可以知道，这名小孩只关心他自己，他的目标放在了生活中没有意义的方面。

有时候，一个人在某方面的兴趣要比其他方面更加浓厚。比如，有一个孩子说："有一天，我负责看管我的小妹妹，我把她放在了桌子上，可是她被桌布钩住了。虽然我想仔细照顾她，但她还是摔下来了。"当时她只是一个四岁的孩子，对于一个四岁的孩子来说，想要照顾一个更小的孩子，显然她的年龄还太小。由此我们可以知道，对于这个孩子来说，虽然她企图想方设法地保护好自己的妹妹，但这件事无疑是一出悲剧。她成年后嫁给了一个非常友善的丈夫，其实这个男人可以说是非常乖顺。可是她总是那么尖酸刻薄，认为自己的丈夫会厌弃自己。我们可以想象得到，她一定会在孩子身上投入自己的感情，因为她会认为自己总被丈夫厌弃。

有些时候我们能够清楚地看到一个人的紧张。有的人可能还记起他曾经想伤害或者是杀掉家庭中的一些成员。其实这些人只对自己的事情感兴趣，他不喜欢别人，对别人有些排斥，而且还充满了敌意。其实在原型的阶段，这种情感就已经存在了。

对于这种类型的人，我们也可以举一个例子。这个人从没有任何成就，因为他总是担心别人在努力超过他。不管是同事关系还是朋友关系，他都害怕别人更受欢迎。这种想法使得他永远都无法融入这个社会，他在任何一个职位上都表现得非常焦虑，尤其是婚姻和爱情方面。

就算我们不能完全治愈这样的人，但也可以通过对早期记忆的研究，使他们得到一定的发展。

我们在另外一章提到了一位男孩，这就是我们治疗措施的实验对象。有一天他的母亲带着他和弟弟去了市场。天下雨了，他被母亲抱了起来，后来母亲注意到了他的弟弟，就把他放下来，转而去抱起他的弟弟，就这样他感觉母亲更加喜欢弟弟。

就像我们说的那样，如果我们能了解到这些早期记忆，就能够发现，在以后的生活中，病人会遇到哪些事。但我们一定要记住，早期记忆只是暗示，而不是原因。早期的事件以及由此发展产生的早期记忆，说明了需要克服哪些问题，才能够达到指引的目标，也能够解释为什么一个人对生活中的某部分比其他部分都更加感兴趣。比如，他可能在性的方面受到了一定的伤害，也就是说，他在这方面的兴趣要比其他方面更甚。如果问到他的早期记忆，听到一些和性有关的事情，我们不应该感到大惊小怪。有的人在自己很小的时候，就发现自己对性特征的兴趣超过其他。人类的正常活动包括对性感兴趣，不过这种兴趣表现为很多方面，就像我们前面说到的那样，其表现程度是不一样的。我们可能经常看到这种情况，那些对我们提起性记忆的人，在后来的生活中也向这个方向发展，最后因为他过分强调人类生活中性这一方面，所以他的生活不太如意。有人认为最重要的器官是胃，而有的人认为性是所有事情的原因。我们发现，在这些事例中，后来的性格特点与早期的记忆有一定的关系。

被娇惯的儿童和被敌视的儿童的记忆

有些孩子从童年时期开始，一直被娇惯着长大。现在我们来研究这类孩子的早期记忆。早期记忆非常清晰地表现出一个人的性格特点，其功能类似于一面镜子。有的人经常提到自己的母亲，这其实隐隐表明他必须为了自己想要的位置而去奋斗，虽然提起母亲是一件再正常不过的事。分析早期记忆非常有必要，虽然有的时候它看起来并没有什么可在意的。比如，有一个人说："我妈妈站在橱柜旁边，而我一个人在房间里。"这时他提到了自己的妈妈，这是一条非常重要的信息，虽然这件事看起来很平常。有的时候，越是隐晦地谈到母亲，事情就越复杂，所以我们应该猜一猜关于他母亲的事。假如被问到的人告诉你："我记得一次旅行。"那么你就应该问他："和谁在一起？"他的答案可能是："和我妈妈在一起。"假如我们从一名儿童那里听到："我记得有一年夏天，我在某一个地方的某个乡村。”这个时候我们可能就猜到，这名儿童和母亲在一起,但是他的父亲却在城里工作。所以我们可以问他：“你和谁在一起？”这样我们就能发现他母亲的影响是潜在的。

我们能够发现，研究这些早期记忆的时候，会看到一种为了争夺关注而努力的特点，这时我们就可以开始研究，在一个儿童长大的过程中，他是如何在意母亲的喜爱的。我们在研究这个问题的时候会发现这一点很重要，因为如果一个成人或者是儿童告诉你他还记得这些事，我们就能够肯定他感觉别人更受喜欢，或者感觉自己遇到了危险。这种焦虑越来越明显，并占据了他心中的重地。这说明这些人在以后的生活中，他会有很重的嫉妒心。

比如有一个男孩，人们始终难以理解他到底是怎么考上高中的。他不想坐下来学习，而是不断地到处活动，甚至他的老师都在怀疑他到底在做什么。这个男孩总是占用应该学习的时间去朋友那里，或者是去咖啡馆。对他的早期记忆进行检查是非常有意思的。他可能会说：“我记得我在摇篮里躺着的时候，盯着墙壁看，我看到墙上贴着墙纸，墙纸上印有各种图案还有花朵。”这说明他一出生就不适合参加考试，只适合在摇篮里躺着。因为他总在研究其他事情,无法集中精力学习。他总是想着不太可能实现的事情，比如一次抓到两只兔子。由此我们可以得知，这个孩子无法独立工作，他是一个被溺爱的孩子。

现在我们来研究被敌视的儿童，这是一种非常极端而又少见的类别。假如在一名儿童在最开始生活的时候，就总被别人敌视，那么他可能会中途夭折，很难活下去。一般来说，在某种程度上，孩子们的父母和保姆都会满足他的愿望，会溺爱他。但是，被敌视的儿童基本都是被抛弃的婴儿、犯罪分子的孩子或者是私生子。我们经常发现这些孩子变得压抑、颓废，被人敌视的感情经常出现在他们的早期记忆中。比如，有人曾说："在我逃跑之前，我母亲一直责怪我、打骂我，她往我的屁股上打。"他逃跑的时候，还差点被淹死。

这个人认为自己一定要在家里待着，于是去请教心理学家。我们从他的早期记忆中可以得知，他有过外出的经历，并且遇到了危险，他的大脑永远记下了这一幕，所以在外出的时候他总是会担心出现某种危险。这个孩子非常聪明，但是却害怕自己不能在考试中取得第一名，并且总是迟疑，很难进步。他终于上了大学，但是又害怕不能通过要求的方式与他人展开竞争。他早期关于危险的记忆都和这些事情有关。

还有一个关于孤儿的例子，在他一岁的时候父母就死了，他患有佝偻病，后来进了孤儿院，在那里没人关心他，他得到的照顾也不好。他在后来的生活中非常不擅于与同事和朋友打交道。我们发现，他在回忆这些事情的时候，总是感觉别人比他更受喜欢。在他的个人发展中，这种感觉的作用非常重要。他总是感觉别人在敌视他，这对他接触各种问题是一个障碍。他感觉一定要与其他人亲密地交往，才能够解决事业、友情、婚姻、爱情等问题，可是他的自卑却使他被生活中的所有境况和问题排除在外。

还有一个例子非常有意思，这个男子总是埋怨自己失眠。他是一个已婚中年男人，四十六到四十八岁，有孩子。他对别人很刻薄，总是想操控他人，简直像一个专制的暴君，尤其是对家里人，最后大家都对他感到非常厌恶。

当问到他的早期记忆时，他说他的父母总是不断吵架，甚至连威胁、动手都是家常便饭，所以他感到非常恐惧。上了学以后也没人管他，他总是邋里邋遢的。有一次他的老师没有上课，另外一名女老师来代了这节课，这位女老师对她自己的工作非常自信，而且还很热情，认为自己在从事一项崇高而又理想的工作。在这个被敌视的孩子身上，她看到了某种可能，所以就鼓励他。而对他而言，被如此友善地对待，还是第一次。自那以后，他就开始变得积极，不过好像是因为有别人的推动才成长的。他没日没夜地工作，就是晚上也会熬到半夜，他非常确信自己能够变得优越。自此他开始习惯于只用半个晚上睡觉，剩下的时间全都用来工作，整个晚上都在想自己要去做什么，甚至根本不睡觉。最终，他认为要想取得某种成绩就一定要通宵工作。

我们发现他在后来有优越的欲望，体现在对家人的行为以及对家庭的态度中。因为他的家人都没有他强大，所以在家人面前，他似乎成为一名独裁者。不管是妻子儿女，都不得不忍受他的种种行为。

我们可以对他的性格做出整体性的评价，我们认为他有着优越的目标，是一个自卑感非常强烈的人。那些比较焦虑的人也有优越的目标，他们自认为自己能取得成功，其标志就是紧张。同时优越情结掩藏住了他们的自我否定，并且优越情结只是一种优越的姿态而已。研究早期记忆，能够把这种情结的真实面目发掘出来。

/ 第六章 /

表现性活动和姿态

▼

▼

至于怎样使用早期记忆和幻想来说明一个人平常的生活习惯，我们在上一章已经重点解释过了。不过个性研究方法有很多种，这只是其中之一。这些方法都借助于用单独的部分去解释整体的原理。我们不但可以观察早期记忆,同时也可以观察各种姿态和活动。我们所说的生活习惯就是一个人总体的生活态度，而姿态正好能够反映一个人的生活态度，活动则体现或者是存在于姿态中。

表现性活动

身体活动是我们第一个要讨论的。大家都知道,一个人的动态、站姿、行姿、谈吐，会决定我们对他的评价。虽然我们未必总是有意识地去评价一个人，但我们的厌恶或者是同情感永远都是从这些印象中产生的。

站 姿

当我们提到一个人的站姿时，一定会想到成年人或者儿童，是弯腰驼背地站立，还是非常笔直地站立。有些夸张的姿态是我们要特别关注的，假如一个人站得非常直，而且直得过分，那么我们就要怀疑他是不是为了呈现出这种站姿用了很多力气。从此我们就可以看出来，他所表现出来的雄伟，是不是比他感觉的或者是真实的样子多很多。我们能够从中发现他是不是有优越情结作祟，虽然这一点无足轻重。他是否想要更多地表现自己，或者是表现得更加勇猛一些。其实他本来也能表现成这样，就算不是那么忐忑。

另外，站姿还有完全相反的表现，比如非常颓靡、弯腰驼背。这些表现在一定程度上说明他们是软弱之人。不过我们这门科学和艺术的原则是慎重，所以我们还要去寻找其他的证据，仅是通过这一点来考虑事情那还不够。就算是我们相信自己绝对不会出错，那么为了证明我们的推断，也希望能在其他方面找到证据。我们会问道：“假如弯腰驼背的人处在艰难的环境中，他们将要做什么？他们是不是基本都非常软弱？”

倚 靠

我们在研究倚靠姿势的过程中可能会发现，有些人总想靠在一张椅子或者是一张桌子上，总之要有个依靠的东西才好。他们希望别人能够支援他，对自己的力量缺乏信心。和站立的姿势及弯腰驼背的姿势一样，这也反映出某种心理。这时我们会发现，在某种程度上这两种姿态的存在验证了我们的推断。

我们会发现，那些独立性比较强的儿童，和想要得到保护的儿童，他们的姿态是不一样的。我们从一名儿童站立的姿态，以及他与别人接触的姿态中，可以发现他在多大程度上是独立的。我们有足够的可能性去验证我们的结论，所以对于这一点，我们并不需要太多怀疑。一旦证明了我们的推断，我们就应该把孩子引到正途，着手挽回他的错误。

我们可以做一个实验，这个实验针对那些特别希望得到保护的孩子。我们让孩子的母亲在一张椅子上坐好，然后让他来到房间里，这时我们就发现这名孩子直接来到了母亲那里，根本不会看其他人，接下来他会靠着母亲或者是倚在椅子上。我们猜想他可能需要别人的帮助，并从他的行为中得到了验证。

因为一名儿童的社会以及社会秩序适应程度，都可以通过他怎样与外界交往中表现出来，所以观察一名儿童与外界的交往也非常有意思。假如有一个人不太合群，而总是独来独往，那么在其他时间，他可能会很少说话，表现得非常冷漠、矜持，甚至基本不说一句话。

近与远

我们发现一种相同的现象出现在上面所有的情境中。因为每个人都是一个整体，所以在对生活做出反应的时候，也通过整体的方式反应。我们可以举一个例子，这是一名来看医生的妇女，医生猜测她会坐在距离自己最近的位置上，可是当医生让她坐下的时候，她却看了看四周，然后在距离医生很远的位置坐下了。我们由此可以推断出，她只想和一个人发生联系。她说自己结婚了，我们由此可以推断出她的性格。我们可以发现，她希望得到丈夫的宠爱，只想和丈夫一个人在一起。假如只有她自己一个人，她会感觉非常焦虑。她会遵循丈大的要求按时回家，她不认为结交朋友是有趣的，而又永远不想一个人出门。总之，从她身体的某个动作中，我们能够对她的整体行为做出猜测，但是验证我们理论的方法还有其他形式。

她可能会对我们说："我正在承受着焦躁的痛苦。"不过，至于这句话的意义，谁都不能理解，除非她知道这种焦躁能够操控一个人，或者成为一种武器。假如一名成人或者一名儿童患有焦虑症，那么我们可能想到有人给他们提供帮助。

曾经有一对夫妇说，他们是自由的思想者，在婚姻关系中，只要他们没有隐瞒对方，那么就可以为所欲为。假如丈夫总是出去寻欢作乐，并且告诉了妻子，妻子就会表现得非常满意。不过后来妻子不愿意一个人出门，一定要有丈夫的陪着才行，她开始变得焦躁不安。可见就算是自由思想，最后还是受恐惧和焦虑的局限。

有的人总是喜欢靠在墙上，或者在距离墙比较近的地方待着，这说明他的独立性不够，缺乏勇气。对于这种懦弱而迟疑的人，我们可以对他的原型进行分析。有一个男孩在学校里表现得非常怯懦，这个现象非常重要，说明他不愿意与别人接触。他总是想着放学，他没有一个朋友。他总是贴着墙壁下楼梯，动作非常迟缓，一上了街道就一直往家里跑，他学习成绩比较糟糕，不是一个好学生。在学校的围墙里，他感到一点儿都不快乐。他的母亲是一个瘦弱的寡妇，非常溺爱他。他总是想回到家里，在母亲的身边待着。

医生从去找他的母亲谈话，希望能够更多地了解这个案例。医生问道："他喜欢睡觉吗？""没有。""那他晚上会哭吗？""不会。”“他有没有尿床？”“没有。”

医生认为，肯定有人出错了，要么是儿童，要么是医生自己。不过他认为母子一定是一起睡觉的。医生为什么会得出这个结论？原因是这名儿童总是为了引起母亲的注意而在晚上哭闹，假如母亲和他一起睡，那么他就没有必要哭闹了。同样的道理。他为了引起母亲的注意而尿床。医生的猜测确实没错，母子两人在一张床上睡觉。

只要我们的观察够仔细就能够发现，心理学家对所有的小事都比较在意，这些小事组成了全部生活内容的一部分。所以当我们看到目标的时候，就可以确定很多事情，比如在这个孩子的案例中，与母亲紧密地连在一起就是孩子的目标。根据这种方法，我们可以推测出孩子是否意志坚强。假如一个孩子的意志不够坚强，那就说明他就没有制订一个合理的生活计划的能力。

态　度

现在我们来研究心理态度，心理态度在人身上的体现非常明显。有的人胆小退缩，有的人在一定程度上好狠斗勇。但说到真正退缩的人，我们还没见过。退缩与人的天性不一致，也不太可能真的有退缩。假如正常人真的要退缩，那就说明他还要继续更加艰难地抗争，所以正常人是不会退缩的。

勇 敢 与 怯 懦

那些成为家庭中关注焦点的儿童，总是想要退缩。因为家里的每个人都会给他提出建议，所有人都关注他，并且拉着他前进。他必须要有别人的帮助才能生活，所以成了别人的重担。他想要通过这种方式来控制别人，这种愿望就是他的优越目标。就像我们所说明的那样，这种优越目标的根源是自卑情结。如果他不质疑自己的力量，那么就不会在追求成功的路上选择这种简单的方法。

有一个男孩，十七岁，他是家里的第一个孩子，这成为他退缩的原因。我们已经讲过，他在家中的焦点地位会因为第二个孩子的出生而下降，他要承受不愉快的生活。这名男孩就属于这种情况。他变得焦躁、抑郁，没有可做的工作。他有一天想要自我了解，然后就去了医生那里，把自己前一天晚上做的一个梦告诉了医生，他说梦见父亲死于自己的枪下。我们可以发现这种人的内心一直都在酝酿着某种行动，但他们并没有行动，而是处于怠惰和抑郁中。我们还发现,那些看起来一事无成的、懒惰的成年人，以及所有在学校里的孩子，都处在危险的门口。一般来说，这只是一种外表上的怠惰。不过如果发生了什么事，他们要么会患上精神病，或者变得精神混乱，要么就会想到自杀。有的时候，将这些人的内心摸透这些科学工作，并不容易完成。

对于一名儿童来说，胆怯是非常危险的。我们一定要认真地治疗一名胆怯的儿童，让他改正自己的缺点，不然他的一辈子就都毁了。如果他的胆怯没有克服，他将会遇到无尽的麻烦。在我们文化中，只有向勇敢者求救，各种事情才能走向美好的结局，才能从生活中收获益处。胆怯的人一遇到危险就会走向生活中无意义的一边；勇敢的人在失败的时候，不会被打击得非常严重。胆怯的儿童在后来的生活中可能会患上精神病或者神经失常。

这些人要么直接避开与别人交往，要么在与人交往中沉默寡言，因为他们总是妄自菲薄。

我们在上文对心理特征做了解释，心理态度只是对环境的反应，并不是遗传的或者天生的。其中的一个特点是，在面临各种问题时，生活习惯将为统觉做出回答。不过，这种回答是在错误的引导和童年经历的作用下给出的答案，并不总是像哲学家期望的那样逻辑严密。

我们已经了解这些态度是怎样在非正常人和儿童身上发展出

来的，但在普通的正常人身上，我们却不能清晰地了解其发展。此外，我们还了解这些态度是如何产生影响的。就像我们所说的那样，相比于后来的生活习惯，原型阶段的生活习惯更加简单和具体。其实，在这个影响过程中，原型就像是一只还没有熟透的果子，不管是什么东西，它都要吸收，比如空气、养料、食物、水。在原型的发展过程中，这些都要被引进来。生活习惯和原型之间的区别，就好像是已经成熟的果子和青涩的果子之间的区别。相比较而言，当果子没有成熟的时候，人们能比较容易地切开检查。同时，在很大程度上，它所表现的信息在成熟阶段也是适用的。

比如，一名儿童在他生活的初期，他的怯懦就休现在各种态度中。这名儿童与那些攻击性强、好狠斗勇的儿童之间存在大量区别。从某种程度上来说，后者有一定的勇气，也就是我们所说的常识的自然结果。不过，一个极其怯懦的儿童在有些时候，或者在某种特别的情况下，也能表现得像一名英雄一样。如果他有夺取第一的欲望，那么这种情况就可能发生了。下面的事例能够明确地解释这一点。一个男孩并不会游泳，有一天别的孩子请他一同去游泳，他答应了。这名不会游泳的男孩差一点儿就淹死在深水里。当然这也是生活中没有意义的方面，和真正的勇敢不同。他希望别的孩子能够救他，他不顾危险，只是希望别人能够敬佩他而已。

对 命 运 的 执 念

从心理上来看，怯懦和勇敢都与对命运的执念有关系。对命运的执念，可能会使我们积极采取行动的能力受到影响。有的人认为没有什么事是自己做不了的，这就说明他们有一种优越感。他们不想学习任何东西，但却都有所了解。就算我们不说也知道他们最终会怎样。在学校里的时候，这些优越的孩子成绩都很差。还有一些想冒险的人，他们认为自己根本不会失败，也不会遇到危险。但他们都取得了令人不太满意的结果。

这种对命运的执拗也发生在遇到重大危险而又侥幸逃脱的时候。比如，他们遇到了一次非常惨重的事故，而又侥幸都活下来了。最后他们就会认为自己天生就有取得更高成就的命数。曾经有一个男人，他内心深处就有这种想法，不过他后来的一次遭遇与他的想法完全背道而驰，他最大的期望破灭了，他因此颓靡了，也没有什么勇气了。

我们问到了他的早期记忆，他讲了一段经历，看起来这段经历对他非常重要。有一次，他想要去维也纳的一家剧院看戏，但要先办完另外一件事才能去。他一来到剧场，就看到了熊熊的大火，剧场已经倒塌了。只有他没事，剩下的人全都或死或伤了。所以，他就非常确信自己天生就会取得更高的成就。后来，他顺风顺水地生活着，终于遇到了一次失败，那是和他妻子关系的问题。就这样他颓废了。

我们有很多可写、可讲的内容，来讨论对命运执拗的意义。一个人、一个民族或者一种文明，都会受到这种偏执的影响。不过，我们只想要说明他与生活习惯和心理活动动机之间的关系。在很多情况下，相信宿命是一种逃避的表现，说明一个软弱的人不想参与争斗，不想顺着积极生活的道路进行自己的活动。所以，就算这是一种精神支柱，那也是虚幻的。

羡慕嫉妒、排斥男性以及性障碍

羡慕和嫉妒，其实是一种自卑的表现，也是影响一个人与他同伴关系的基本态度之一。在所有的性格中，或多或少都存在羡慕和嫉妒。如果羡慕和嫉妒的程度比较轻，那是非常正常的，而且没有什么坏处。羡慕和嫉妒可以在解决问题、进步和工作中起到一定作用，我们一定要使之成为有意义的。当然如果能起到一定作用，那就算不上没有任何意义了。所以，我们应该宽容地对待每个人身上都存在的一点儿羡慕和嫉妒的心理。

同时，我们难以使嫉妒成为有意义的心理，相比于那种非常难以处理的困难，羡慕和嫉妒这种心理态度更加难以处理。没有一种能让嫉妒变得有意义的单一方法。

进一步说，我们看到嫉妒是由自卑产生的，这种自卑的影响深远，而且又非常严重。一个嫉妒的人总是担心不能留住自己的同伴，所以当他通过同种方式对同伴施加影响的时候，他的懦弱就通过嫉妒的方式显露出来。我们在对这种原型进行研究的时候，发现了一种抢夺欲。所以，如果遇到了一个嫉妒的人，最好对他的过去做一番调查，了解一下我们是不是在与一名被抢夺了地位的人交往，了解一下他是不是担心再次面临同样的遭遇。

从普遍意义的嫉妒和羡慕问题出发，我们要研究女性对男性优越社会地位的嫉妒感，这是一种特别的嫉妒情感。很多女孩和女人都希望自己是男性。如果我们公平地对待这个问题，就会发现，在我们的社会中，处于领导地位的是男人，他们比妇女更受敬重、肯定和赏识，所以我们可以理解女性的这种心理。从道理上来说，我们应该解决这种不公平。女孩子们会发现，男孩和男人在家庭中享受更多的自由，他们不用操心小事，生活得极为舒适。所以，女性对自己的地位感到不满，羡慕男性特权般的自由，于是就努力地模仿男孩。她们模仿男性的行为多种多样，比如穿男人的衣服。因为大家普遍认为男人的衣服更加舒服，所以在这方面，女孩得到了父母的赞同。我们不必阻止这种做法，因为在一定程度上，这种做法也是有意义的。但有的女孩不喜欢女性的名字，想起一个男孩的名字。假如别人不用她们自己认可的男孩名字称呼她们，女孩就会极其气愤，这种做法就是没有任何什么意义的。假如这是一种潜藏在某种表象下的态度，而不是一个玩笑，那就太恐怖了。在她们后来的生活中，她们可能讨厌结婚，讨厌自己的性角色，甚至会憎恶已婚妇女的身份。

其实穿着利索衣服是比较方便的，所以我们不应该责怪这些妇女。和男人一样，女人也可以在各个领域发展，从事和男人一样的职业。不过危险的是，女性自身对女性的身份不满意，而努力学习男人的坏毛病。

总的来说，原型正是在青春期受到不利的影响，所以这种危险第一次出现的时间正是青春期。女孩们的大脑不够成熟，男孩们的特权让她们感到羡慕，这主要表现在她们试图模仿男孩。她们在躲避正常的发展，所以这也是一种优越情结。

我们已经分析过，这种情结会使人极其嫌恶恋爱和婚姻，但这并不意味着，只要是有这种厌弃之情的女孩，就都没有结婚的欲望。因为不结婚在我们的文化中被认为是失败的表现。就是那些对婚姻一点儿都不感兴趣的女人，也期望能够结婚。

有的人认为不应该支持女人“抵抗男性”，认为调整两性的关系，可以从平等原则着手。反对男性是一种优越情结，也是一种不理性的斗争形式，可两性的平等必须与事物的自然规律相一致。其实，各种性功能都会受到这种反抗的影响，甚至变得紊乱，很多严重的疾病就是这样产生的。假如我们追溯问题的根本，将会发现，在儿童时期就已经出现了这种情况。

相比于上文提到的例子，男孩子想成为女性的案例并没有那么多,不过我们确实遇见过。男孩想要模仿那种浮夸的调情的姑娘，而不是想模仿一般的姑娘。这些男孩会戴上艳丽的花朵，涂脂抹粉，努力地学习那些轻佻的女孩子。这也是某种形式的优越情结。

在很多病例中，男孩的成长环境都是以女性为主导的，所以他们在成长的过程中没有模仿父亲，而是模仿母亲。

曾经有一个男孩来问诊，他存在性方面的问题。他父亲在家里基本没有存在感，孩子总是和母亲在一起。不管是婚前还是婚后，母亲都在做缝纫工作，这名男孩也对缝纫感兴趣了，原因是他总是和母亲相处。就这样，男孩开始设计女人的服装，并学习缝纫。他母亲基本四点出门，五点回家，他在四岁的时候已经会看钟表了。从这些事实中，我们可以了解到他对母亲到底有怎样的兴趣。他学会了看钟表，是因为想要母亲快点回来。

上学以后，这个男孩不敢参加所有游戏或者活动，他的行为和女孩越来越像了。其他男孩会亲吻他，拿他说笑。在这种境况下，总会有那样的男孩做出这些举动。有一天，他们要表演戏剧，很明显，扮演女孩角色的就是那个男孩。很多观众都认为他就是一名女孩子，可见他演得有多成功，甚至有一名男性观众还爱上了他。这就是他出现性障碍的原因，因为他至少可以被当作女人一样欣赏，哪怕不能被当作一个男人受到尊重。

/ 第七章 /

梦及其解释

▼

▼

生活习惯和目标

个人逻辑

为什么做梦

睡眠、非睡眠、催眠术

我们在前面的章节里已经提过，个性心理学认为，一个整体应该包括有意识的部分和无意识的部分。有意识的部分包括行动、态度和记忆，无意识或者半无意识的部分就是梦境。在上面的两章里，我们在分析前者的时候，使用了把人当作统一体的思维方式，而这种思维方式在解释后者时也是同样适用的。原因是，不管一个人是睡着的，还是清醒的，这些生活都是整体的一部分。其他心理学派的拥护者在用新的观点解释梦的时候提到，所有的组成部分都体现在各种精神活动和精神表现中，我们对梦的理解也是在这个方向上发展起来的。

生活习惯和目标

就像我们现在已经知道的那样，优越的目标决定了清醒时的生活。所以，一个人的优越目标也决定了他的梦。生活习惯也包括梦，当然和原型也有一定关系。其实，要想真正理解一个梦，就只能弄明白原型是怎样与某种特别的梦紧紧地连在一起的。同理，只有清晰地认识一个人梦境的特征，才能去认识这个人。

比如，我们都知道，从整体上来说，人类是怯懦的。我们通过对普通事情的理解可以推定，大部分梦都是焦躁、危险、恐怖的。所以假如我们知道一个人的目标是躲避解决实际生活中的困难，那么就能预测到他总是梦见自己摔倒。对他来说，这是一个警告的梦："你总会摔倒的，不要继续下去了。"很多人都做过这样的梦，他对自己前途的想法通过摔倒的梦境体现出来了。

还有一个具体的例子，是一个不学无术的学生就要面临考试了。我们可以对他将要遇到的事情做一番猜想。他不能集中精力，每天都非常焦躁，最后只能告诉自己："时间不够了。"他一定经常梦见跌倒，因为他想让考试时间往后推。为了满足自己的想法，他必然做这种梦，他的生活习惯在梦中体现出来了。

还有一名非常有信心的学生，因为成绩好，所以什么都不怕，更不会产生旁门左道的心思。我们同样可以猜想他会梦见什么。他在考试前可能会梦见爬上了高高的山峰，正在欣赏山顶的美景，然后就醒过来了。这个梦说明他的目标是有所成就，体现了他的生活格调。

我们再来讨论被局限的人，也就是只能进步到某种程度的人。这些人会梦见自己不能躲避困难或者一些人，总是会梦到各种限制。他们经常梦见被人追赶或者逮捕之类的事。

在讨论下一个梦之前，我们最好说明一件事。假如有人告诉心理学家："我可以给你编造一些梦境，因为我已经忘记了自己的梦，所以没办法告诉你。"那么心理学家也不会感到失望。因为他很清楚，就算对方想要编造梦境，那么他也只能在生活习惯能表现的范围内发挥自己的想象力。因为他的生活习惯也表现为幻想和想象力，所以他能够编造和真实梦境一样的梦。

幻想在体现一个人生活习惯的时候，未必一定要完全模仿一个人的真实行为。我们不以生活在现实中的人为例，讲一个生活在幻想中的例子。这些人在梦里都是勇敢的人，不过白天的时候胆小如鼠。我们总是能找到一些痕迹,说明他们不想做自己的工作。就算在他们无比勇敢的梦中，也非常明显地存在这些痕迹。

自始至终，梦都为优越目标而准备，也就是为个人的优越目标而准备。不管这个日标是为了躲避、为了操控他人或者是为了成为关注的焦点，一个人的所有梦境、运动、症状都是为了能够达到引领全局的目标所进行的某种演练。

梦的目标只是为了营造某种感情、情绪和感觉，没有真实的表现，也没有任何逻辑。我们不可能模糊而又艰涩地理解梦的目标。在这方面，梦和非睡眠状态以及非睡眠生活中的行为都属于同一个类别，只是在程度上有所不同而已。精神并不会根据提前设定的逻辑框架发展，这与我们的目标相违背。同时我们已经知道，在解答人生问题的时候，精神与个人的生活框架有关。我们努力使这些解答与社会交往靠近，达到符合社会交往需要的目的。如果我们抛弃了非睡眠生活的绝对理论，那么梦就成为一种进一步的表现，变得不再神秘。这主要表现为，我们发现某种结合体存在于非睡眠活动中，这种结合体包括同一种相对性，以及同一种感情和事实。

在历史上，原始人曾感觉梦是非常神奇的，在解释梦境的时候基本都想到了预言，认为梦预示着将要发生的事。这种观点有一定的真实性。梦的确是一座桥梁，连接起做梦的人和他的优越目标与面对的问题。在这种情况下，因为做梦的人做好准备应对将来的事情，总是重复梦中的做法，所以梦经常都变成了现实。

我们可以用另外一种方式来解释这个观点：某种相互联系的事物出现在非睡眠生活中，也出现在梦里。一个聪明而又敏感的人，可以通过对梦中生活或者非睡眠生活的分析，来对将来做出预测。这是一种判断行为。比如，有人梦见一个熟人去世了，接下来这个人真的去世了。做梦的人只是没有在非睡眠生活中想到这件事，而是在梦中想到这件事而已。其实这和一名近亲或者一名内科医生所能预测到的事情并没有什么分别。

认为做梦能预测未来，是一种迷信，因为这里面的真假事件都掺在一起。一些人拿着这种迷信去争取对自己重要之人的支持，他们以预言家的姿态出现；而另一些相信其他迷信的人，也紧紧地抓住了这种迷信。

大部分人对自己的梦都是不理解的，我们一定要解释清楚这是为什么，这样才能揭开盖在梦身上的神奇和迷信预言的面纱。其实，人们对自己的了解并不多，哪怕是在没有睡觉的时候。这是一种反思性自我分析的能力，只是很少有人具有，这种能力能让人知道自己应该向哪个方向行动。相比于分析非睡眠行为，分析梦显得更加困难和繁杂。所以，大部分人都不具备分析梦的能力，并且因为无知转而寄希望于江湖骗子。

个 人 逻 辑

如果在前面的几章里，我们没有直接比较非睡眠活动和梦，而是用个人知识的方式来比较梦的规律性以及类似的现象，那么我们在理解梦的规律性时可能会更容易。对于精神病患者、问题儿童和犯罪分子的态度，读者应该还记得我们的表述，他们为了让自己相信某种事实而制造出某种感情或者感觉。杀人犯在为自己辩护的时候会选择这种方式："我一定要把他杀了，因为这个世界上没有容纳他的地方。"他为自己的罪行做了感情上的准备，他坚定地认为世界上的地方有限。

有的人也会想自己没有漂亮的裤子，但别人竟然有。在这种情况下，他把嫉妒当作了一种充分的理由，得到一条漂亮的裤子成为他的优越目标。其实，这一点能够被很多出名的梦解释。比如，《圣经》中的约瑟夫做了别人都跪在他面前的梦。我们能够明显发现，他的兄弟们被驱赶与这个梦是契合的，多色外套的插曲也和这个梦是契合的。

还有一个有名的梦，这个梦和希腊诗人西蒙尼德斯有关。西蒙尼德斯被邀请去小亚细亚讲学，但就算接他过去的船已经停在了码头，他还是在迟疑，总是拖延出发的日期。虽然朋友们都劝他快去，但这根本没有效果。后来他做了一个梦，梦见了一片森林，一个已经死去的人站在他面前，告诉他：“我劝你还是别去小亚细亚了，看在你曾经在森林里真诚地关心我的分儿上。”西蒙尼德斯在做这个梦之前就不想去小亚细亚，梦醒后他坐起来说：“我不去。”虽然他对自己的梦并不理解，但他还是为了给自己的判断加筹码而创造出某种感情。

如果有人能理解，这是非常明显的。欺骗自己产生了一种期待的情感，经常被记住的梦就是这样产生的：为了达到欺骗自己的目的，人们总是创造出某些幻象。

在讨论西蒙尼德斯梦境的过程中，我们要解决“如何解释梦的过程”这一问题。第一，我们要牢牢记住，梦属于人的创造力。西蒙尼德斯在做梦的时候制造了一个顺序，这个顺序源自他的想象。这位诗人有各种经历，但他为什么非要选择死人这件事？很明显，他害怕海上航行，他的内心一直都被死亡的想法缠绕着。他一直在迟疑，因为在当时的条件下，航海确实是一件很危险的事情。这也说明他害怕船沉了，而不只是担心晕船。他之所以想到了死亡的故事，是因为他的大脑已经率先被死亡的想法占据了。

如果用这种方式解释梦，那么解梦就容易多了。我们应该知道，心理活动的方向可以通过想象、记忆和图像的方式表达出来，我们能通过这种方式知道做梦人想要达到什么结果，知道他到底偏向哪些事。比如，有一个已婚男人，他有两个孩子，但认为妻子对其他事情的兴趣更大，认为妻子不爱孩子们，于是他很不满意自己的家庭生活。他希望妻子能够有所变化，为此总是责怪妻子，而且还常常感到恼火。一天晚上，他做了这样一个梦：自己有了第三个孩子，但这个孩子却丢了，找不回来了，他认为是妻子没有照管好孩子，对妻子一通指责和叫骂。

我们从这里可以发现他的特点：他害怕弄丢两个孩子中的一个，也怕梦见这两个孩子中的一个丢了。他的勇气还不足，所以就创造出第三个孩子，被丢的孩子就是这样产生的。

他不希望弄丢孩子，他很喜欢孩子，这一点应该引起注意。另外，他认为妻子不能照顾三个孩子，这两个孩子已经算是重担了，第三个孩子有可能丢失。所以，我们可以用另一个角度来解释这个梦："我们应该再要一个孩子吗？"

他创造出一种与妻子的对抗情绪，这就是梦的真实意义。他可能一大早上起来就对妻子感到不满，开始与妻子对抗，虽然这个时候孩子们还都在。因为晚上梦境营造出某种情绪，所以人们在起床的时候总是想斗嘴，鸡蛋里挑骨头。这不同于抑郁症患者的例子，倒有点和沉醉状态相似。处于这种情绪下的病人总是要让自己沉醉下去，使用没办法、死亡和失败这样的理由。

另外，我们还发现这个人选择这种感觉："我妻子弄丢了一个孩子，她根本不关心孩子，但我却不是这种人。"他相信这件事能够让他感到优越。很明显，他在梦里操控着别人。

为什么做梦

对梦进行解释的历史到现在差不多已经有二十五年了。最开始的时候，弗洛伊德认为幼儿时期性欲的满足表现为梦，不过如果说梦是一种满足，那没什么不能称为满足，所以我们不赞同这种观点。所有的想法都是由潜意识发展为意识的。所以，性满足的说法算不上是特别的解释。

后来，弗洛伊德提出，死亡的欲望也是梦的一部分。很明显，我们不能认为父亲想丢失自己的孩子，或者想让孩子死亡，所以这样解释梦也是不合理的。

其实，除了我们已经解释过的梦里生活的情感特点，以及精神生活整体性这些假设以外，并不存在某种具体的释梦观点。这种感情特点以及与之相伴的自我欺骗，总是表现为喜欢比喻和对比，因此它是经常变化的。我们可以非常肯定地说，一个人在不能相信自己可以使用逻辑和事实说服他人的时候，就会选择比较的方法，因为这种没有意义的比较能够对他人产生比较长久的影响，所以一个欺骗自我的最好方法就是使用对比。

诗人也在欺骗，只不过他们的方法让人愉悦而已。我们从那些富有诗情画意的文字和比喻中得到了快乐。不过，我们能确定，我们受到的影响要比普通的语言更加强烈，这就是他们的目的。比如，荷马曾经写到希腊军队穿过田野的时候，活像一群雄狮。如果我们处在一种诗意的气氛里，就会受到很大的影响。但在我们敏感的思维中，其中的比喻就无法实现欺骗的目的。如果作者只是简单地描写士兵携带的武器，以及身上穿的衣服，那么他就不能让我们相信有一种神奇的力量。

类似的情况也出现在人们对有些事情中遇到的问题做出解释的时候：他会在不能劝服你的时候使用比喻的手法。使用比喻就是自欺欺人。梦中的形象和画面的选择明显表现出自我欺骗，这是问题的根本原因。这种自我沉醉的方法有很强的艺术性。

沉醉于梦中提供了一种免于做梦的办法，这一点非常神奇。假如一个人发现自己的梦境就是自我沉醉，他就停止做梦，梦也就对他失去了影响。至少本人在认识到梦有什么意义的时候，梦就结束了。

顺便提一句，作者从他上次的梦中总结出，如果真的能意识到在做梦，那么感情必然会发生根本变化。他梦到了自己在战争期间，尽自己所能让一个人不要去非常危险的前线，这是他的职责。他梦见了自己杀死了一个根本不认识的人。因为当时的情绪很糟糕，所以一直都在想："我把谁杀了？"其实，他在尽自己所有的力量使那些士兵处在合适的位置上，尽量避免阵亡。他就这样沉浸在这种想法中。当他知道这个梦中的情绪是为了有利于这种想法的时候，他的梦就结束了，因为从道理上来说，他想做那些理论上是可以想但也可以不想的事情，而他已经没有必要自欺欺人了。

常有人问："为什么有的人不做梦？"其实上面的故事正好可以回答这个问题，因为这些人想要直接面对现实问题，他们的大脑中大部分都是逻辑和活动，他们不想自欺欺人。就算这些人做梦了，他们基本都会很快就忘记梦见了什么。他们之所以不相信自己做梦了，就是因为很快就不记得了。

这里就产生了一种理论，所有人都会做梦，但很多人不记得自己梦见了什么。如果认可这种理论，那么"有的人从来不做梦"这种现象就要另外解释了：他们不记得自己就是做梦的人，虽然他们已经做梦了。对于这个理论，作者并不赞同。作者宁愿相信有忘记了自己梦的人，也有不做梦的人。我们从这个事例的本质可以发现，这是一个很难打倒的观点，而且只能指望提出这种观点的人去证实。

人们会一再做同样的梦，这种神奇的事实究竟是什么原因造成的？现在的解释还不确切。不过我们发现，在一再出现的梦里，生活习惯的表现更加清楚，它为我们展现出一个人有什么样的优越目标，而且基本不会出错。

有些延伸了的梦非常长，因为做梦的人正在寻找一个纽带，连接起目标和现实，因为我们必然认为他们的准备还不够充分。所以，比较短的梦是最容易理解的。有的时候，几句话、几幅画面就组成了一个梦，但却明显说明做梦者是怎样为了自欺欺人而寻找到一个真正的、更接近的方法。

睡眠、非睡眠、催眠术

我们最后要讨论的问题是睡眠问题。对于睡眠，很多人都提出过一些问题，不过这些问题没有任何价值。他们认为睡眠是“死亡的搭档”，是一种和清醒相反的状态。其实，这是一种不正确的观点。从某种程度上来说，睡眠也是一种清醒状态，两者并不是相对的。我们在睡觉的时候仍然在倾听和思考，并没有和生活分离。睡眠时也会表现出一种在非睡眠状态中的特点。这也就是为什么儿童略微动一动，母亲就会醒来，但马路上的喧嚣声却不会吵醒她们。母亲们的注意力并没有睡着。其实，我们在睡着的时候是有界线意识的，因为我们没有从床上掉下来。

一个完整的个性应该包括白天和晚上两个方面，这能使催眠术得到解释。其实，这都只是变化的催眠而已，只不过迷信使它看起来像有魔法的事物。只是在这个过程中，一个人在知道另外一个人想让他睡着的情况下，也表示顺从。父母会说：“就这样吧——赶紧睡！”孩子听话地睡觉了，其实也是一个相似的简单表现。因为被催眠的人是服从的，所以催眠术能起到作用。一个人入睡的难易程度和舒适程度与他的服从的程度是一致的。

一个人在清醒的时候，我们不能让他产生一些记忆、想法或者想到一些图像，但在催眠中却是可以的。服从是唯一的条件。我们可以使用催眠的方式来处理问题，比如把早已经忘记的记忆找回来。

不过，催眠这种治疗方法是危险的。除非病人已经不相信其他方法了，否则本书的作者不赞同使用这种方法。被催眠的人将会产生很强烈的报复心。他们在最开始的时候没有改变自己的生活习惯，虽然他们战胜了困难。这种方法不能触及病人的真实个性，就好像是机械性的方法或者某些毒品。我们一定要让一个人充满信心、鼓起勇气，让他深入地理解自己，这样才能切切实实地帮助他。除了特别病人以外，尽量不要使用催眠术，毕竟催眠并没有上面提到的效果。

/ 第八章 /

问题儿童及其教育

▼

▼

当前社会中最重要的问题可能就是如何教育儿童，个性心理学将为此做出很多贡献。不管是学校教育还是家庭教育，都以指导和培养人的个性为目标。合适的教育手段的必要基础便是心理科学，也可以说，整个教育就是广泛心理学艺术的一个旁支。

社 会 理 想 与 学 校

在本节开篇，我们先简单地讲几句。教育一定要与个人后来将要面对的生活相契合，这是最基本的教育原理，这说明教育一定要与民族的理想相一致。假如我们不以民族的理想为目标开展对孩子的教育，那么作为社会的一个成员，他们在以后的生活中就可能面对各种障碍，甚至不能融入这个社会。

民族理想是可以改变的，这一点非常肯定。民族理想有可能突然变化，比如在发生了一次革命以后；也有可能随着社会的进步而逐渐完善。这说明，教育者应该永远都能够找到自己的地位，他的胸襟应该宽广一些，还要教会一个人怎样正确与环境的变化相适应。

社会理想在政府的影响下反映到学校的体制中。社会理想与学校之间的关系，取决于学校与政府的关系。政府为了自己的利益而注意学校，但是它们不能直接插手家庭或者父母的事务。

从历史上可以看出，不同时期的社会理想都在不同时期的学校中得到反映。欧洲学校本来是为贵族家庭而设立的，只有贵族才能在里面接受教育，它在精神上属于贵族阶级。后来学校被教会接管，牧师成了教师，学校成了宗教学校。再后来，民族对知识的需求越来越多，这就需要在学校里建立更多的学科，另外老师的需求也增多，已经超过了教会能够提供的教师数量，所以从事教师行业的人开始不仅限于教士和牧师，还有其他人。

教师一直都不是专职职业，他们还要去做裁缝、鞋匠等其他工作，这种现象一直到非常接近现代的时期才结束。很明显，他们的教育只是棍棒、鞭子似的。儿童在这样的学校里，很容易出现心理问题，而且还很难得到解决。

在裴斯泰洛齐时代，欧洲教育出现了最初的现代精神。裴斯泰洛齐发现，教育的方法有很多种，不只是棍棒和惩罚。

裴斯泰洛齐告诉我们学校教育方法非常重要，这对我们来说非常珍贵。所有的孩子都可以在正确方法的指引下学会唱歌、写字、阅读、算术、演习，除非他脑子不够用。教育方法还在发展，所以我们不能认为已经找到了最好的教育方式。我们总是探寻更好的、更新的教育方法，这是一种合适而又正确的态度。

需要注意的是，我们在回顾欧洲的学校历史时会发现，在教育方法得到某种程度的发展时，社会需要很多能够不必总是指点和引导就会读会写的工人。当时有这样一个口号："让所有的孩子都能读书。"这一点在当前已经实现了。其实这一点反映了经济社会条件下的社会理想，并取决于我们的经济生活条件。

在以前的欧洲，社会只需要劳动力和官员，只有贵族才具有影响力。能够去接受高等教育的，只有那些准备接手高位的人，剩下的人完全不能读书。当时的民主理想也体现在这种教育制度中。今天的教育制度符合另外一种完全不同的民族理想，在当今的学校中，孩子们不需要把手放在膝盖上，安静地坐着，也没有被禁止活动。在现在的学校里，老师与学生都是朋友，学生不需要被逼着学会顺从，也不受威严的压迫。学生们被允许在更大的程度上发展自己的独立性。美国的民主气氛非常浓厚，因此必然有很多这样的学校。政府的法规明显反映出国家的社会理想，而学校的发展又是以国家的理想为依据的。

家 庭

就像我们看见的那样，民族和社会理想与学校的制度存在某种联系，这完全取决于它们的组织形式和起源。不过，从心理学的角度来说，教育机构从这种关系中得到非常大的利益。心理学认为，学会适应社会是教育的主要任务。相比于家庭，学校和民族的需要更加接近。学校不会溺爱儿童，与儿童的喜好相独立，能够更加容易地把社会知识灌输到孩子们的脑子里。一般来说，学校的态度是客观的。

另外，社会理想的气息并非总是充斥在家庭里。有很多例子都说明，家庭中的传统观念非常浓厚。父母要想让教育能够有所进步，首先他们自己就要很好地适应社会，并且知道教育的目标一定是社会性的。只有在这些问题都被父母理解了以后，孩子们才可能做好上学的准备，才会受到正确的教育。就好像学校让他们做好准备去适应将来各自生活中的角色一样。学校应该位于国家和家庭之间，儿童应该在学校和家庭的理想之间成长。

我们已经在前面讨论过，在儿童四五岁的时候，他在家庭中的生活习惯就已经稳定下来了，我们不太可能直接改变他的生活习惯。这就确定了现代学校应该根据哪种思路发展，学校应该努力教育、培养和规范儿童的社会兴趣，而不是惩罚或者斥责。学校应该以解决儿童个性问题为出发点，不应该以检查和强迫为出发点。

另外，让父母在教育儿童的时候要以社会的需要为出发点是非常不容易的，因为父母与儿童在家庭中的关系非常密切，父母在教育孩子的时候喜欢以自己的需求为依据，所以孩子身上会有某些特点，使他们与后来的生活环境不一致。这些孩子必然会遇到巨大的障碍，这些障碍在他们刚一来到学校的时候就出现了。在他们离开学校，开始自己的生活以后，这些障碍将变得越来越棘手。

我们有必要教育父母以挽回这种局面，因为我们不能像教育儿童一样教育成人，所以这种措施的实施非常困难。就算我们能够触及成年人，但也会发现，对于民族理想，他们的兴趣不高，成人根本就不愿意去理解这些，因为他们和传统的关系太密切了。

我们只能寄希望于广泛宣传，因为在父母那里不会有什么结果。学校就是最好的进攻地点。第一，那里聚集着很多孩子；第二，老师能够理解儿童的问题；第三，孩子在学校里能够比在家里更加明显地展现出生活习惯中的错误。

对于正常的儿童来说——假如真的存在正常的儿童——那么我们并不需要耗费心血。假如我们看到良好地适应社会、充分发展的儿童，那么不去打压他们就是最好的应对方式，因为这些儿童能够在生活中有意义的一面培养自己的优越感，用正确的方式来探寻自己的目标，所以他们应该在自己的路上前进。但这并不是一种优越情结，因为他们在生活中有意义的方面发展出了优越感。

然而另一方面，对于犯罪分子、精神病患者和问题儿童，他们在生活中没有意义的一面同时存在着自卑感和优越感，主要体现在他们的自卑情结要通过优越情结来补偿。每个人身上都有自卑感，就像我们前面提出的那样，不过，这种自卑感让他们感觉勇气严重不足，发展为自卑情结，并促使他们聚焦在生活中没有意义的一面。

当儿童还在家庭中，没有进入学校的时候，所有的优越和自卑问题就已经埋下了隐患。就是在这个阶段，他们养成了自己的生活习惯。为了区别成年人的生活习惯，我们称之为原型。原型就是没有熟透的果子，假如没有熟透的果子遇到了某种问题，比如遇到了一条很长的虫子，那么这条虫子会随着果实越来越成熟，而长得越来越大。

问 题 儿 童

就像上面提到的那样，器官缺陷的问题是原型中的困难或者是虫子出现的原因，而且基本都会产生自卑感。我们在这里再次提醒大家注意，器质性的自卑并不是问题的根源，而是说在以后的发展中,这种自卑会带来社会适应不良。这也为教育提供了机会，训练一个人让他与社会相适应，这种器质性自卑对他有很大的好处，而不是成为他的一种麻烦。就像我们说的那样，有些兴趣明显是由器质性自卑造成的。通过一定的练习，这种兴趣在后来会发展到影响一个人一生的地步，如果沿着一个有意义的方向前进，这种兴趣将会对一个人产生非常重要的意义。

不过器质性的问题一定要与适应社会的需要相符合，这是所有问题的前提条件。从这点考虑，假如一名儿童只喜欢听或者是只喜欢看，那么帮助他培养起对其他器官的兴趣就是老师的责任，不然这名儿童就不能和其他儿童保持一致的步调。

对于左撇子小孩的例子，我们都非常熟悉。他们从小到大一直都手脚不灵便，一般来说没有人会想到他们是左撇子。不过他们不灵活的动作倒是能够解释，习惯使用左手的人总是与家人显得不合拍。我们发现，这些孩子可能会变得脾气火暴、压抑，也可能变得富有攻击性、好狠斗勇——这些还都属于不太差的表现。当然，如果这名儿童到了学校以后还带着这个问题，我们就会发现，他总是焦躁、勇气不足、容易生气、无欲无求，而不是变得好狠斗勇。

在上学以后遇到问题的儿童，不只是器官有缺陷的儿童，还有很多被溺爱的儿童。当前学校的教育方式不可能让一名儿童总是处于被关注的焦点上，虽然这种情况偶尔也会发生。比如，一位老师心地善良，总是喜欢娇惯孩子。不过，儿童总是一年一年地升级，最终他们将会失去被宠爱的位置，他们在后来的生活中将会遇到更不好的境况。因为在我们的文化中，不应该出现某个人总是成为大家关注的焦点，而又不做出任何贡献的情况。

这些问题儿童都具有某种特别的性质，他们不能很好地应对生活中遇到的困难。他们想要处于领导地位，但不是为了成为社会的代表，而是彻底为了他们自己，他们总是充满了野心。另外，他们总是对别人有敌意，总是争吵不断。他们怯懦，因为对生活中的事情不感兴趣。他们没有做好准备应对生活中的事情，因为他们的童年是在溺爱中度过的。

我们发现这些儿童身上还有另外一种特点——迟疑、慎重。面对生活给他们出的难题，他们无法迎难而上，或者是每次遇到问题都无比烦躁、犹豫不决，想立刻逃跑，所以他们什么事都做不好。

相比于在家里的时候，这些特点在学校里能够更加明显地暴露出来。一个孩子能不能解决他遇到的问题，能不能适应社会，都可以在学校里表现出来。学校就像是一次酸性测试，错误的生活习惯能够完全暴露在学校生活中，但在家庭生活中却经常都能够勉强遮掩过去。

不管是器质性自卑型的儿童，还是被溺爱的儿童，他们都期望将生活中的困难清除。他们应对困难的勇气被强烈的自卑感压制了。不过我们能够调控学校里问题的困难程度，这样就能够逐渐地把孩子推到解决问题的位置上去。所以学校不但是一个提供教育的场地，而且确实能够成为一个施展教育的地方。

除了以上两种类型的儿童，受到敌视的儿童也应该在我们的考虑范围之内。他们身体有残疾，性格中存在障碍，或者长得比较丑，在任何方面都没有应对社会的准备。在三类儿童中，受到敌视的儿童上学时遇到的困难最大。

所以我们可以发现，学校管理必须包括这项内容：能够观察这些问题并找出最好的解决方案，不管官员和老师们是否喜欢。

问题儿童不只上面所列举的那些，还有另外一种：他们是非常聪明的孩子，被誉为天才少年。因为在各个方面他们都比其他儿童优秀很多，所以会显得他们的智商非常高。他们不被同学们喜欢，他们有雄心壮志，非常敏锐。他们之所以不被同学们喜欢，但被同学们佩服，是因为天才少年具有很好的适应社会的能力，而其他孩子能很快意识到这一点。

我们知道，这些天才少年都能够令人满意地完成自己的学业，不过他们并没有做好充足的生活准备就进入了社会。当他们面对生活中的恋爱、婚姻、职业这三大社会问题的时候，就会遇到各种困难。我们可以目睹他们在家庭中不能良好适应的结果，因为他们原先各阶段所遇到的问题变得愈加明显。一旦进入了新的环境，就会显露出他们生活习惯中的错误，不过这些错误并没有在家庭生活中暴露出来，因为他们在以前的家庭生活中非常顺遂。

对于这些问题之间的联系，首先察觉到的是诗人们，这实在很有意思。很多戏剧家和诗人都在他们的故事和剧本中提到过一些非常繁杂的生活问题。这些问题表现在这类人身上，比如莎士比亚笔下的罗桑伯兰。罗桑伯兰被心理大师莎士比亚塑造成一个对国王非常忠诚的人，每当遇到真正的危险，他就背叛国王。莎士比亚知道，只有在条件非常艰难的情况下，真实的生活习惯才会显露出来。但这种生活习惯在很早以前就已经稳定下来了，并不是在极其困难的条件下产生的。

如 何 治 疗

不管是治疗天才少年，还是治疗其他问题儿童，个性心理学所提出的方法都是一样的。个性心理学家认为：“所有的人都能够完成某一件事。”这一句格言具有民主精神，使天才少年的光芒减弱了不少。天才少年总是被迫推着向前走，因为人们对他们的期望非常大，他们是众望所归的人。所以他们变得对自己的兴趣过于看重。相信这一格言的人所培养的孩子会更加聪明，这些孩子不会变得野心勃勃，也不会变得骄傲自满。他们知道好运和磨炼是自己有所成就的原因，假如他们继续接受良好的练习，那么就可以做到别人所不能做到的事。只要老师能让他们知道什么样的做法是正确的，那么就算是受的教育以及所做的练习不足，那些受到影响不够强烈的儿童，也能够取得良好的成绩。

但是，这类儿童的自卑明显，我们一定要避免触及，因为他们可能会变得勇气不足。这种煎熬是任何人都不能长期承受的。我们应该能够想象到，在学校里的时候，这些孩子所遇到的困难并没有那么多，不过他们却被打倒了、吓住了，所以他们认为自己在学校里是没有前途的，于是就不想去上学，或者干脆逃课。当然如果能够正确地看待他们的此类情况，那么我们应该承认，他们的所作所为是聪明的、合适的。不过他们在学校里没有前途的这种观点，是个性心理学所不认可的。个性心理学并不会认为所有的人都能够做好有意义的工作。我们永远都会犯错误，但错误可以被改正。如果改正了错误，儿童就能够继续发展。

一般情况下，处理这类问题是非常不容易的。如果学校的新环境打击了某个学生，那么他的母亲就会表现得非常关注，甚至还很焦躁。如果孩子在学校里所受到的批评、指责和评价都和家里的情况完全不一样，这会显得更加严重。这种情况经常发生，孩子在家里被娇惯着，所以表现得很好，但他们在学校却是另外的景象。这是因为他感觉曾经娇惯他的母亲欺骗了他，所以就会开始埋怨，认为母亲不能为他提供帮助，母亲和以前不一样了。当他进入新的环境中时，他曾经受到的溺爱都突然不见了，因此他会感觉到焦躁。

我们经常看到这种景象：一名儿童在学校里似乎很抑郁，并且总是沉默寡言，但他在家里却表现得非常顽劣。有的时候，他的母亲会到学校对老师说：“这个孩子总是在打架，我所有的时间都耗在他身上，一整天都闲不下来。”不过老师却会说：“他在那里待着不动，一坐就是一整天。”有的时候可能会有相反的情况，母亲会说：“这真是一个可爱而又乖巧的孩子。”不过老师却说：“整个班级都被他弄得一团糟。”我们很容易理解第二种情况，他在家里是谦虚而又安静的，因为他是被关注的焦点；但来到了学校以后就开始打架，或者表现出其他相似的行为，因为他已经不是被关注的焦点了。

比如，有一名很受同学们喜欢的八岁女孩，她是班里的班干部。她的父亲对医生说：“我真是受不了这个孩子了，她彻头彻尾是一个暴躁的人，简直是一个虐待狂。”这是为什么？能够被一个孩子弄得乱七八糟的家庭，必然是一个无能的家庭。这名儿童是出生在这个家庭里的第一个孩子。当家里又迎来了一个孩子以后，这个女孩感觉自己的地位不稳，所以她就开始打架，这样才能够保持自己的焦点地位。但她在学校里没有理由去打架，因为她很受重视，所以表现得非常不错。

有些儿童不管在学校里还是在家里，都会遇到问题。家庭和学校都会对他们产生埋怨，最终他们的错误就会变得更加严重。有的儿童表现得邋里邋遢，不管是在学校里，还是在家里都是如此。如果出现了这种问题，我们在寻找原因的时候，就一定要从已经发生的事情着手。不管在什么时候，我们要想判断他们出了什么问题，都要对他们在家里和学校里的行为做全面的考虑。如果想要正确理解他们努力的方向和生活习惯，那么对我们来说，所有的部分都是重要的。

有些时候，在面临新学校里的新环境时，就算是一个适应性很好的儿童，看起来也无法适应。他与学校里的老师和同学相敌对的时候，就经常会出现这种情况。我们可以举出一段欧洲历史上的例子。有一名儿童，他的父母总是自以为了不起，而且非常富有，所以即便他不是贵族，也去了贵族学校。他的同学们都鄙视他，因为他没有出生于贵族家庭。这名儿童曾经过着被溺爱的生活，或者说至少过着很舒坦的生活，突然感觉自己被人敌视了。这个时候他根本就不能忍受这种他人无法想象的、来自同龄人的残酷对待。他从来不把自己遭到的对待告诉家里人，因为他认为这是一种耻辱。这些考验非常恐怖,但是他却只能一个人安静忍受。

当这样的孩子长到了十六岁或者十八岁的时候，就一定要像成年人那样直接面对生活和社会中的各种问题。因为他们生活中的希望和勇气都已经不在了，所以他们会突然变得停滞不前。因为没有了继续发展的能力，所以他们会遇到婚姻、恋爱以及适应社会等方面的障碍。

我们应该怎样应对这些问题？他们感觉自己把整个世界孤立了出去，或者是位于整个世界之外，找不到能够发泄自己精力的突破口。他们想要伤害别人，于是想到了以伤害自己的方式来达到这个目的，因此很可能会选择自杀。另外还有一种人，他们曾经具备几种社会生活的能力，但此时却没有了这些能力，在精神病院里失去了希望。他们不再和这个世界作对，不再与别人交往，也不用正常的方式来说话。我们所说的这种状况就是精神混乱或者精神分裂。我们一定要找到让他们重新树立信心的方法，这样才能帮助他们。这些人不是不能挽救的，虽然实施起来非常不容易。

从出生的顺序来判断

诊断儿童的生活习惯，是解决儿童教育方面问题的第一项任务，因此我们在这里最好对个性心理学提出的诊断方式重复讲一次。除了教育之外，诊断生活习惯在其他方面也是非常有价值的。不过，在实施教育的过程中，这是非常基础的一个阶段。

个性心理学不但直接对儿童生活习惯的形成期进行研究，而且还会使用其他方式，比如推测孩子在家庭中的出生顺序，观察他们的动作和身体形态，以及盘问他们对未来职业的构想和早期记忆。我们都已经讨论过这些方法了，不过我们仍然有必要再次强调儿童在家庭中的地位，因为和其他方法相比，教育的发展与之联系更加紧密。

第一个孩子，在某一段时间内是家里唯一的孩子，不过他在后来的生活中被挤下了这个位置。所以，儿童在家庭中的出生顺序是非常重要的。第一个孩子曾经享受的权利非常多，不过他最终却没有保住。另一方面，并不是第一个孩子的事实，决定了其他孩子的心理状态。

我们经常发现，某种保守的想法在那些年长的孩子身上占有统治地位。他们认为，占有权利的人应该守住自己所得到的。对于他们自己来说，失去了权利是一种偶然事件，他们非常崇拜权利。

第二个孩子的情况则完全不一样。在他们的发展过程中，他们面前总是有一个榜样，他们自己并不是被关注的焦点，他们总是希望能够和这个榜样保持平齐。他们希望让权利换到别人手里，他们并不承认权利。他们认为，要想有前进的动力，就一定要处于竞赛中。所以人们会发现，他们的行为似乎是一直为了盯着前面的目标，并努力地去靠近。他们总是希望自然和科学的规律能够发生变化。他们是真正的革命者，不过却体现在对待同胞和社会生活的态度方面，而不是政治方面。在这方面我们最好的例子就是《圣经》中的以扫和雅各。

在家中最小的孩子出生的时候，他之前的几名儿童都已经长大了。那么，最小的孩子与第一个孩子的境况是类似的。

心理学认为最小的孩子在家里处于非常有趣的地位。他永远都是最后一个孩子，再也不会有其他的孩子了。这就是“最小”一词的意思，也是他们与第二个孩子相似的地方。第二个孩子的优越地位可能会失去，所以第一个孩子的悲剧，他也要经历一遭。

不过对于最小的孩子来说，他的生活中是绝对不会遇到这种情况的，因为他处于最优越的地位上。我们会发现，在其他待遇都均等的条件下，最后最小的孩子成长得最好。他带着很大的激情，想要超过自己的哥哥姐姐，这就是他与第二个孩子相似的地方。他前面同样有等着他去超越的榜样，不过总的来说，他选择的道路不同于其他家庭成员。如果这是一个商人家庭，那么最小的孩子最后可能成为一名诗人。如果这是一个科学家的家庭，那么最小的孩子最后可能会成为一名商人或者音乐家。总而言之，他必然是和别人不一样的。为了不在同一个领域与其他人竞争，他比较容易选择不同的发展方向。可见，他选择的方向总是和大家不一致。当然，这在某种程度上也说明他的勇气不足。假如他充满了信心，那么他就会直接在同样的方面展现自己才华。

我们需要指出一点，我们以可能性的方式预测孩子在家庭中的地位，这里并没有什么必然现象。在这种情况中，假如第一个孩子足够聪明，那么他就不会遇到可能出现的悲剧。因为第二个孩子并不会压制住他，这是一种社会适应性非常强的孩子。他的母亲可能已经把他的兴趣延伸到了别人身上，刚出生的婴儿也包括在内。从另外一个角度来说，假如第一个孩子是不能被压制住的，那么第二个孩子所面临的困难非常大。这对他来说可能是一个障碍，这些孩子可能是最差劲的一种，因为他们可能会经常失去勇气和信心。我们知道，对于处于竞争中的儿童来说，如果某种希望已经不存在了，那么他什么都得不到，所以他要永远都有取胜的希望才行。

在整个童年时期，独生子一直都是家庭的焦点，这对他们来说是一种悲剧，因为他们的生活任务一直都是保持焦点地位。他们的思考方式以自己的生活习惯为依据，而不是以逻辑为依据。

比如一个家庭里女孩很多，只有一个男孩，那么男孩的处境经常是不利的，而且这会造成一系列问题。人们可能会认为，这个男孩子表现得像一个女孩子，其实这是一种夸大的说法。每一个人都在女人的教育下长大，不管怎么说，这都是一个事实，所以一定会有某一定数量的困难存在于以女性为主体的家庭中。我们来到了一间房间以后，能够很快发现这家是男孩多，还是女孩多，因为房间内的秩序、安静程度和摆设都不一样。如果家里整体比较干净，那么说明女孩比较多；如果损坏的东西比较多，则说明男孩比较多。

在这种环境中长大的男孩，不想变得和家里其他的女孩子一样，所以他们尽量要让自己看起来有男人味，总是让自己性格特点中的男人味十足，他们的做法甚至有点夸张。一般来说，我们发现，这样的男孩要么极其狂野，要么非常温和懦弱。其实前者似乎在强调或者证明自己是男性。

假如家庭中的男孩子比较多，女孩子只有一个，那么这个女孩子也同样处于艰难的境地中。她可能想学习男孩子那样行事，像他们那样长大；当然也有可能发展出代表性的女性特点，看起来非常安静。自卑感在这种情况下是非常明显的。在她所在的环境里，她是唯一的女孩，但男孩们却在这个环境中处于优势地位。她仅仅是一名女孩，这种感觉中隐藏着自卑情结，自卑情结在“仅仅”这个词中有充分的体现。可见，她产生的优越情结起到了补偿的作用，表现为她想方设法地像男孩子那样穿衣打扮，并在后来的生活中，也总是认为自己应该有男人们的性关系。

对于孩子在家庭中的地位，我们对这个问题的讨论到此为止。不过我们要用一种特别的例子结束这项讨论，也就是家庭中的第一个孩子是男孩，第二个孩子是女孩的情况。两个孩子之间的竞争一直都非常激烈。女孩是第二个孩子的事实不完全是她被动向前发展的原因，更因为她是一个女孩。她是家里的第二个孩子，所以要付出很多的努力才能够变得优秀。她有很强的独立性，并且精神饱满。男孩发现在两人的竞争中，女孩距自己越来越近。我们知道，不管是智力方面还是身体方面，女孩的发育都要比男孩领先，比如一个十二岁的女孩就要比同龄的男孩成熟很多。男孩们可能会感到自卑，他们看到了这一点以后，不知道如何去理解，所以就放弃了竞争，并且开始躲避，不再向前努力。有时候他们为了躲避而选择走在艺术的路上。但还有另外一种情况，他们患上了精神病、触犯法律，并且神经敏感，他们已经感觉自己不能够再参与竞争了。

就算是所有人都能够做到某件事，这种说法也难以解决这个非常困难的问题。我们需要做的主要是让男孩明白，因为女孩比他努力得更多，并且在努力中找到了良好的发展方式，所以才超越了男孩。我们为了让竞争的气氛不那么浓烈，所以要努力将兄妹两人放到不存在竞争的环境中去。

/ 第九章 /

社会适应和社会问题

▼

▼

适应社会是个性心理学的任务，看似这是一个相互矛盾的命题。不过就算是矛盾的，这种矛盾也只能体现在字面意思上。事实上，只有我们注意到各人的具体心理活动，才可能认识到社会因素是绝对重要的。只有在某种社会背景中一个人才可能成为一个人。其他心理学都区别开社会心理学和个人心理学，但我们认为两者并没有区别。直到现在，我们都在讨论和分析个人生活习惯，并是为了服务社会的目的而解析，这是一种带着社会性观点的解析。

我们的解析还要继续，而且要着重强调社会适应方面的问题。现在要讨论的事情也是如此。不过，我们准备讨论生活习惯，以及稳妥的促进方式，而不是花费工夫讨论诊断生活习惯。

我们上一章讨论的中心问题是分析教育培养问题，这是分析社会问题的基础。社会结构的缩小版就是幼儿园和学校。我们能够通过简化的形式对社会适应不良的问题进行研究。

童 年

我们要举一个例子，讨论一个五岁男孩的行为。他的母亲到医生那里埋怨说，自己到了每天晚上都被折腾得浑身无力，她总是要把时间浪费在孩子身上，这孩子真是让人苦恼，没有一分钟能够静下来。她说如果可以的话，真想把孩子扔出家门，她实在不能忍受这个孩子了。

我们可以非常容易地从这些细节行为中认识这名儿童。我们也可以很容易地把自己放在儿童的位置上进行思考。假如这是一个过分活跃的五岁儿童，那么我们就很容易分析出他的行为遵循的思路。对于一个非常活跃的五岁的孩子，他会做什么呢？他可能总是玩肮脏的东西，总会穿着笨重的鞋子往桌子上爬。假如他的母亲想要看书，他就会玩电灯的开关，一会儿开一会儿关，没完没了。假如他的父母想唱歌或者是弹钢琴，这个孩子会做什么？

他可能会说自己不喜欢喧闹的声音，或者把耳朵捂上，然后扯着嗓门大声喊叫。假如他自己想要的东西不能如愿以偿，那么他就总想通过发脾气的方式表达自己的愿望。

如果这种行为出现在幼儿园，那么我们就能够推断出他是为了引发争端才会做出这些举动，或者他很想打架。但是他的父母总是被他折腾得没力气，他从早到晚都不消停。因为，他和父母不一样，他想要让别人注意到他，所以就不断地动来动去。他不想去做自己不喜欢的事情，而且永远都不知道疲惫。

这名儿童正在努力成为大家关注的焦点。这里有一件非常特别的事能够明确地说明问题。有一天他被带着去看有父母参加演出的音乐会，这名儿童在歌唱到一半的时候，围着音乐厅绕起圈子，大声喊叫："爸爸，啊！"可能这种行为在有些人的预料之内。虽然他看起来不太对劲，但是他的父母却认为这孩子没什么不对劲的，哪怕他们也不知道孩子为什么这样做。

但是从某种程度上来说，这个男孩确实是正常的，他有自己的生活计划，这是一个非常机灵的孩子，他的所作所为完全与自己的计划相配合。假如我们能够理解他的计划，就完全能够想得出来，他一定付诸实践实现这项计划。这项生活计划体现出一个人的才智，并不是一个意志不坚强的人能够做出来的，所以我们可以猜到他是一个意志坚强的人。

每当他的母亲准备晚会或者接待客人的时候，他总是一定要去坐正好有人想坐的椅子，而且还总是从椅子上推走客人。所以我们能够发现，他的生活原型和生活目标与这种行为是相一致的。他想要让父母关注他——这就是他的生活目标，也就是控制他人，超越他人之上。

他曾经是一个被娇惯的孩子，我们可以确定，如果他继续被溺爱，那么他也就不会这样闹腾了。也就是说，这个孩子现在失宠了。

他怎么会失宠呢？答案是他有一个妹妹或者是弟弟。他在五岁的时候感觉自己处在将要失势的危险中，因为他可能要面对一个新的环境。为了能够留住自己已经失去的显赫的焦点位置，他在努力地争取。所以他总是黏着父母，当然还有另外一个原因。我们能够发现，当他处在被娇惯的环境中时，他不能够很好地适应社会生活，因为他没有培养出某种集体意识。所以他没有做好应对新环境的准备，他总是不能够忘记自己得到或失去了什么。他只关心自己，这就是他的兴趣。当我们问到孩子的母亲，他怎么对待自己的弟弟时，母亲坚持认为，他只有和弟弟一起玩的时候，才会把弟弟打倒在地上。母亲认为他喜欢自己的弟弟。不过要说到他的行为是爱的表示，我们真是不敢苟同。

上文提到的孩子并非一直在打架，我们可以对比他们的行为和攻击性强的儿童的行为，这样才能对它的意义进行深入的理解。这些儿童知道父母不允许他们打闹，他们非常聪明，根本不会违背父母，就这样他的行为越来越规矩，逐渐不再斗争了。不过，就在他与弟弟玩闹的过程中，他还是把弟弟打倒在地上，说明他的坏习惯还是会出现。其实他就是想要在玩闹的过程中把弟弟打倒。

那么，这名儿童是怎样对待自己母亲的呢？假如母亲打他的屁股，他就会喊一点儿都不疼，甚至还一边说笑；如果母亲打得略微重一些，他就会安静一小会儿。不过没多长时间，他便“旧病复发”。他做的所有事情都是为了一个目标，这个目标是他所有行为的依据。我们要注意到这一点，他的目标非常明确，所以我们应该能够预测到他会怎么做。相反，如果我们不理解原型运动的目标，那么原型就不算一个整体，这样我们就不能够预测到他的行为。

在 学 校

我们想象一下这名儿童面对生活的场景。我们猜到如果父母再次带他去上次那样的音乐会，他会做出何种举动；当然也能够猜到他到了幼儿园会遇到哪些事情。总的来说，假如某个环境比较艰难，他就会努力抢夺领导权，他的控制欲都表现在比较宽松的环境里。如果他的老师比较严格，他不可能在幼儿园待很久。此时，他就会尽量想办法躲避。他可能一天到晚都很焦躁，而这种焦躁就让他烦闷、头痛。神经官能症最开始的表现就是这些症状。

另外，如果他所在的环境让他感到愉悦惬意，他就认为自己是关注的焦点。此时，他完全是一名赢家，有可能成为学校里的学生领袖。

就像我们知道的，幼儿园这种社会机构中存在社会性问题。每个人都要遵守集体的规章，应对这些问题需要做好准备。这个集体虽然小，但孩子一定要被培养成对它有意义的人。但对别人感兴趣，而不是对自己更感兴趣，是成为一个有意义的人的前提条件。

同样的环境条件可能再次出现在公共学校中。对于这些孩子将遇到的情况，我们也可以做出假设。私立学校里本来学生就少，学生受到的照料也更周全，所以这里的情况可能不太困难。任何人可能都不能在这样的环境中发现他是问题儿童。相反，学校还有可能表示："这是我们最优秀的孩子，他是最聪明的学生。"他在家里的行为可能会发生变化，他在班级里可能成为领袖人物。就算只有一方面表现得优越，他也可能表示满意。

如果遇到一名儿童在上学以后行为发生变化的情况，我们可以非常肯定地认定，儿童在那里找到了优越感，他上班的时候也会占有有利的位置。不过我们一般都会遇到相反的情况，他在学校里把班级弄得一团糟，但在家里却乖巧温和。

学校在社会和家庭之间的位置，我们已经在上一章提到这一点了。我们可以通过这一原理来理解这名儿童开始社会生活后，会遇到哪些问题。有时候学校给他提供的环境是有利的，但社会生活却不是这样。有的儿童在社会生活里碌碌无为，但在学校里和家庭里都非常聪明，人们经常为此感到惊讶不解。我们现在就有一些患有神经官能症的问题成年人，他们在后来又可能变为精神病患者。在这些人还没有成年的时候，有利的环境条件遮盖住了他们的原型，所以没有人能理解这些病人。

虽然，在有利环境中发现暗藏着的错误原型并不是一件容易的工作，但我们也要学会这种技能，最起码也要能认识到它的存在。错误原型可能表现为这几种症状：一名儿童非常邋遢，他缺乏社会兴趣，而又总想吸引别人的注意力，想要通过这种方式浪费别人的时间。他半夜尿床，哭哭啼啼，不想去睡觉。他发现如果自己很焦躁，别人就可能不得不满足他的要求，所以他会使用这种武器，总是表现得非常急躁。这些都是出现在有利环境中的现象，我们若想得到正确的结论，可以从找到这些特征着手。

三 大 生 活 难 题

我们来分析在以后的生活中，也就是到了十七八岁即将成年的时候，这些带着错误原型的儿童会遇到哪些问题。有一块非常广阔的“贫瘠”土地在他们的身后，我们不好评价这块“贫瘠”的土地，因为我们对它的认识不够清楚。我们很难发现生活目标和生活习惯。不过在他要面对生活后，我们所说的三大生活难题——婚恋问题、职业问题、社会问题——就会与他们打招呼。这些问题起源于与我们紧密联系的各种关系中。社会问题包括：我们对人类的态度，对人类未来的态度，以及我们对别人的行为方式。因为人的生命是有限的，所以要想延续下去就一定要和别人协作，所以社会问题和人类的救赎与生存有关。

我们可以通过儿童在学校里的行为来推测他们的职业问题。如果他在找工作的时候带着高人一等的想法，那么我们可以肯定地说，他会发现很难找到一份工作。任何人都不可能找到一份不和别人交往或者不受别人管制的工作。我们所说的这个人很难在一个听人指挥的位置上做好工作，因为能让他感兴趣的只有他的福利。另外，在一个企业里，这种人根本不会让自己的利益服从企业的利益，所以他很难对得起别人的托付。

总而言之，在某项工作中成功的前提条件是社会适应能力。在经营的过程中能够理解顾客和邻居的需求，感受他们的感受，听他们要说的话，看到他们看到的事，都是非常有利的因素。能做到这点的人必然超过其他人。但我们说过这个人总是关注自己的利益，所以他根本就不能达到以上要求。他在职场上基本都是失败者，因为他学习的能力只够满足他自己发展的需要。

在很多情况下，我们都发现这些人并没有做好充足的准备就进入了职场，或者说在他们能负责一部分工作之前，还要等很长时间。他们不知道自己应该做什么，就这样蹉跎到了三十岁。他们不断地调换工作岗位，不断地学习知识。这些现象说明，不管做什么工作，他们都不能胜任。

有时候我们会遇到一些非常刻苦的年轻人，他们已经十七八岁了，但却不知道自己应该做什么事。对于这些人，我们要理解他们，并劝服他们思考自己的职业生涯，这才是问题的关键。他可以重新开始合适的学习，再次对有些事物感兴趣。

另外，如果我们发现一个人到了这个年龄还不知道自己今后的职业，这真是一件让人感到困扰的事。这种人基本一事无成。在他们还没有到工作年龄的时候，学校和家庭就应该努力让他们去思考将来职业生涯的问题。学校在完成这项任务的时候，可以布置一篇作文，比如“我将来的工作”。写这类作文，能够让他们对工作问题有明确的认识，否则当他们真的需要面对的时候，恐怕就来不及了。

婚恋问题是青少年一定要面对的问题，也是我们要讲的最后一个问题。既然人分为男女，那么这就是一个非常重要的问题。如果人只有一性，那么我们面对的所有问题就完全不一样了。但既然有两性之分，那么对于和异性交流的方法，我们也只能学习了。对于婚恋问题，我们会在后面用一定的篇幅来讨论，我们这里涉及的只是社会适应和婚恋问题之间的关系。社会兴趣的缺乏会使一个人遇到职业适应不良的问题，当然也会使人缺乏与异性交流的能力。如果一个人的排他性非常强，那么他根本不会准备开始两人的家庭生活。一个人处在自我的世界中，这个世界非常狭窄，而把人拽出来，准备好适应社会生活，就是性本能的一个主要目标。但从心理的视角考虑，性本能是我们在中途就遇到的问题。除非我们已经率先放弃融入更广阔的世界，否则性本能不可能妥善地发挥应有的作用。

对于我们研究的男孩，现在可以得出结论了。我们已经发现，在面对生活三大问题的时候，他担心失败，他感到前途渺茫，他尽量驱逐生活中的一切问题。那么，仍然带着优越目标的他，到底还拥有什么？他疑心重重，与人孤立，敌视他人，拒绝参加社会活动。因为他不对别人感兴趣，所以开始邋里邋遢，不再关心自己给别人留下的印象，所有的外表特点都与精神病患者相似。他不想使用语言，但我们都知道，语言是一种社会需要。精神分裂的特点包括沉默不语，而他已然如此。

他设置了一道屏障，隔开自己和生活中的所有问题，所以他只剩下一条出路——通向精神病院的路。他有一种超脱的孤立，这是由他的优越目标造成的，他的性驱力被改变，所以他已经不是一个正常人了。有的时候，他以为自己是中国的皇帝或者耶稣基督，妄想直飞天际，这都是他表现自己优越目标的方式。

矫正和预防

就像我们经常说的那样，从本质上来说，所有的生活问题都是社会问题。社会问题可以在各种环境中表现出来，比如在经济政治生活、朋友、学校、幼儿园等方面。毋庸置疑，人类服务是我们所有能力都要社会性地集中的目的。

我们知道，在原型时期就已经开始出现缺乏社会适应能力问题了。怎样在还来得及的时候改正这些错误，是我们要解决的问题。这些错误非常严重，我们不但要教会父母怎样做好预防工作，而且还要教会他们如何确诊原型中错误的微小表现，同时还要把改正错误的方式教会他们，只有做到这些，才是完成一件非常大的善事。不过，愿意学习和预防错误的父母实在不多，教育问题和心理问题都让他们提不起兴趣，所以这种做法效果甚微。只要有人认为他们的孩子有一点儿不好，他们就表示反对。他们要么溺爱儿童，要么一点儿都不关心儿童。想要让家长改正或预防儿童的错误，必然无法取得良好效果。而且，我们也不可能让他们在短时间内，对所有的问题都能形成正确的认识。我们要浪费很多时间，告诉他们我们所了解的问题，给他们提出建议。找一位心理学家或者一名内科医生治疗，才是最好的解决方式。

除了心理学家和医生以外，能够取得最好效果的就是教育和学校。一般要在孩子上学以后，原型中的错误才会显露出来。如果一名老师懂得个性心理学的方法，那么他就能发现原型中的错误，而且这些工作用不了他太长时间。他能看出来一名儿童是不是在努力发展自己，成为众人关注的中心，看出这名儿童是否与人交往融洽，还能看出哪些儿童勇气不足，哪些儿童勇气充足。如果一名教师受过良好的训练，那么他发现原型中错误的时间只需要一个星期。

从社会影响的性质角度考虑，更有能力改正学生错误的人就是教师。因为家庭不能为儿童提供充足的教育以满足社会需要，所以人类建立了学校。在很大程度上，孩子的性格都是在学校里形成的，学校是家庭的扩展，孩子要在学校里学习怎样应对生活中的问题。

学校的教师应该具有心理观察能力，这才是重点，只有这样教师才能合适地承担自己的责任。发展个性是学校的真正目的，所以将来的学校将按照个性心理学的思路创办。

/ 第十章 /

社会感、常识与自卑情结

▼

▼

我们已经知道，追求优越和自卑情结的各种结果导致了一些人无法很好地适应社会。社会适应不良已经由这两个术语做出了直接的解释。这种情结可能和血缘没有任何关系，而且并不存在于物质中，它形成于个人与社会环境相互影响的过程中。不过，并不是所有人都形成了优越情结和自卑情结，这是为什么？每个人都会探求优越和成功，也都会有自卑感，这些必备要素组成了他们的精神生活。以下就是并非所有人都具有这两种情结的原因：某种心理机制控制着他们的优越感和自卑感，使他们在对社会有意义的方面发展勇气。社会兴趣、社会感、常识的逻辑就是这种心理机制。

概　论

至于上文提到的心理机制的作用和非作用，我们可以做一些研究。只要自卑感不是特别强烈，所有的孩子都会在生活有意义的一边发展，努力去做一个有意义的人。这些孩子会为了便于达到自己的目的而对别人感兴趣。对此做出正确和正常的弥补，就是社会适应和社会感。不管是成人还是孩子，从某种意义上讲，在探寻优越的过程中都未必这样成长。“我对别人不感兴趣”这样的话是任何人都说不出来的。他绝对不可能为自己的做法找理由，但可能为了表示这个世界让他提不起兴趣而真的这样做。为了掩盖自己缺乏社会适应能力的事实，他反而会说自己对别人感兴趣。这就是无言而又广泛的对社会感的证明。

不过确实存在无法很好地适应的情况，至于其根源，我们可以在观察边缘病例的时候进行研究。边缘病例的自卑情结是指在顺境中没有直接表现出来的自卑情结。在这种情况下，自卑情结是暗藏着的，至少存在某种暗藏的征兆。所以，如果某人没有遇到障碍，那么他看起来是心情愉快的。但如果我们仔细观察，就发现他的话语或者思想中暗藏着自卑感，至少他的态度中应该有所体现。也就是说，我们能够发现他的自卑情结以某种方式体现出来。经过夸大的自卑感产生的结果就是自卑情结。这些人备受自卑的折磨，他们的自我中心被强加了重担，不断为了摆脱束缚而想尽办法。

我们会看到一种很有趣的现象，有人直接承认“我这个人很自卑”，有人则隐瞒自己的自卑情结。承认自卑情结的人，认为自己敢于承认其他人不敢承认的事，所以要比别人更加崇高。对于自己的坦率，他们似乎非常满意。他们“真诚地”对自己说：“我不隐瞒自己的病因，可见我是一个真诚的人。”虽然他们坦白自己有自卑情结，但也会隐晦地提出，他们的问题应该由生活或者其他环境中的困难来负责。他可能说到某次事故，说到自己的家庭和父母、被抢走的地位和权利、没有受到良好的教育、被人压制或者其他事。

优越情结常常弥补暗藏的自卑情结。一般来说这种人都具有自大、骄傲、无礼、内心叵测、趋炎附势等特点。在行为和外表之间，他们更注重外表。

在早期追求优越情结的过程中，这些人表现得怯懦，后来他们就把这一点当作自己所有失败的借口。他们准说:“我为什么不做？还不是因为怯懦吗？”一般来说,自卑情结都暗藏在这种“还不是”之类的句子中。

谨慎、奸诈、显摆、抵触生活中的重大困难等，都是自卑情结表现出来的特点，另外还包括探寻一个狭窄的活动范围，而在这个范围内有数不尽的条例和规则进行限制。自卑情结的表现还包括时常靠在柱子上。这些人所培养的一些兴趣非常神奇，他们不信任自己。为了不浪费时间，总会让自己全身心投入到搜集小广告或者报纸之类的事情里,对自己的这些做法,他们总是能原谅。在没有意义的方面，他们的实践非常多，如果长期坚持这些实践，那么一定会出现强迫性的神经官能症。

总体来说，不管儿童在外表上有什么表现，他们身上都暗藏着自卑情结。怠惰也是一种自卑情结的特征，因为它的本质是抵触生活中的重要目标。不说话是没有说实话的勇气，盗窃是利用一个人不在场或者粗心。自卑情结是儿童这些行为的核心所在。

自卑情结可能发展为神经病，如果一个人患有焦虑性神经质，那么他什么事都能做成。如果他想要一个始终陪着他的人，那么他的目的已经达到了。他可能想操控别人，让别人照顾他。在这个过程中，我们发现自卑情结转化为优越情结。别人一定要服务于他，他就是通过这种方式才变得优越。与之相似的发展过程也出现在精神混乱者身上。当他们被从自卑情结发展而来的抵触规则逼迫到困难的环境中的时候，就希望在幻想中取得成功，把自己看作是伟人。因为一个人的勇气不足，所以在所有自卑情结发展的病例中，社会轨道上的心理机制在有意义的那边败下阵来。

他们在走入社会的路上受到勇气不足的阻碍，他们的脑力无法理解社会道路的必要性和影响，却与之一同走下去。

案 例

他们是代表性的自卑情结的典范，在犯罪行为中，所有这些行为都能得到确切证明。这些人愚不可及而又怯懦，社会中的蠢笨与这种怯懦会集到了一起，它们是同一症状的两个方面。

我们可以用相同的思路来分析酗酒问题。胆小鬼对自己在生活中无意义方面的超脱感到非常满意，酒鬼却想摆脱自己的问题。

这些人的社会常识、知识构成和世界观是完全割裂的，不过正常人之所以面对生活保持勇敢，正是这种社会常识的作用。比如说犯罪分子强调通过劳动得到的收入微薄，总是想要指责别人，或者为自己辩解。他说社会没有帮助他，指责社会的冷漠。他说自己必须服从肠胃的命令，就像是杀害儿童的犯罪分子西克曼说的那样："是上司指使我的。"他们在审讯的过程中找各种理由为自己辩解。在审讯过程中，还有一名杀人犯说："我杀了那个孩子，这个世界上还有千千万万个孩子，他活着能有什么意义？”一位“哲学家”就这样产生了。他认为，在很多更有用处的人处于饥饿中的时候，把一个有钱的老女人杀死，算不得是坏事。

在我们看来，这种逻辑实在牵强，这的确是一种经不起推敲的逻辑。就像他们的勇气不足限制了他们对目标的选择一样，他们的生活目标没有任何意义，但却使他们的全部世界观受到限制。在生活中有意义方面的目标不需要任何解释，不需要说一句话，而他在任何时候都要为自己开脱。

至于社会目标和态度是怎样变成反社会目标和态度的，我们要举几个实例来说明。第一个例子是一个女孩，她十四岁左右，在一个非常诚实的家庭中长大。她的父亲只要还能劳动，就会一直养活这一家，是一个非常勤恳的人。母亲喜欢六个孩子，是一个友善而又诚实的人。现在父亲生病了。这家的第一个孩子是个女孩，非常聪明，但却在十二岁时不幸夭折。二女儿曾经生病，病愈后找了工作分担家庭责任。我们要讲的这个女孩就是下一个孩子。她叫安妮，身体一直不错。她的母亲忙着父亲和两个生病的姐姐的事，根本来不及照顾她。她还有一个病着但却非常聪明的弟弟。最终她发现，家里两个受宠的孩子把她挤到了中间。她感觉自己所得到的喜爱没有其他孩子那么多，虽然她是个好孩子。她感觉很郁闷，抱怨自己被忽视了。

安妮在学校是最好的学生，成绩非常不错。因为成绩优异，老师建议她继续读下去。后来，她上了高中，当时才十三岁半。她读高中的时候发现自己并不是最好的学生，有一个新老师不喜欢她。因为老师没有赞扬，她就开始退步了。她以前没有成为问题儿童，当时的那个老师很喜欢她，还给她好的评价，而且同学们也喜欢她。但在这种情况下，一名个性心理学家还是能从她的朋友关系中找到有问题的地方。她总是想操控自己的朋友们，不断指责他们。她想让别人奉承她，让大家都围着她转，但别人的指责却是她所不能承受的。

得到他人的照料、宠爱和赞扬就是安妮的目标。她发现自己的目标虽然无法在家里实现，但在学校里却能实现。然而到了新的学校以后，她发现老师在她的鉴定语上给出的评价很差，老师似乎不喜欢她，其他人也不再赞赏她了。最终她开始逃学，一连几天不去上课,回到学校后就变得更差劲了。最终老师建议开除她。

不过开除只能说明老师和学校不能解决这个问题，根本没有任何意义。就算老师解决不了问题，那也应该请能起到点作用的人过来。可以请另外一名老师,希望这名新老师能更好地理解安妮；也可以和她的父母讨论，让她去别的学校读书。可是老师想不到这些，只是坚持："一定要开除她，这是一个倒退的学生，她总是逃学。"这种想法不是常识，而是个人知识的表现。可老师却是极其需要常识的人。

我们完全能预料到后面会发生什么。这个女孩认为自己做不好任何一件事，最后一根支柱也坍塌了。原本家里还对她有点赞赏，但随着她被学校开除，这点赞赏也没了。所以，她又消失了一段时间——她离家出走了。事情发展到最后，她竟然谈恋爱了，对方是名军人。

其实我们很容易解释她的做法，被人赞赏是她的目标。她接受各种有意义的学习，直到恋爱后，她的各种努力都围绕着没有意义的内容。最开始的时候，那名军人喜欢她、赞赏她。不过后来她在给家人的信中提到，她想服毒，她怀孕了。

她给家人写信的行为完全符合她的性格特点。她一直都希望自己在某方面被人赞赏，并为此不断变换方向。直到她回家之前，她一直没有停下变换努力的方向。她知道母亲不会骂她，因为母亲已经对她彻底不抱希望了。她认为家人一看见她就会很兴奋。

我们在治疗这种病人的时候，最重要的一点是表同作用，我们要有同情心，具有设身处地的思考能力。这个人向着别人赞赏他的方向努力。如果我们是这样的人，那么就会问："我要做什么？"我们一定要考虑年龄和性别的因素。对于这种类型的人，我们应该尽力鼓励他，使他在有意义的方面发展。我们要一直努力，直到他能认识到："我不是因为表现消极才转学的。可能我看到的不太准确，可能我的学习还不够。我在学校里不能理解老师，估计是我过多地表现出个人认识。"如果把勇气借给他们，那么他们也可能试着在有意义的领域让自己得到发展。勇气不足并且与自卑情结混在一起，使一个人被毁了。

我们可以想象让另外一个人置身于这个女孩的位置上会怎样，比如说，一个和她年纪差不多的男孩，那么这个男孩有可能走上犯罪的路。这是 种很常见的现象。如果在学校期间，一名男孩失去了勇气，他在外飘荡甚至成为罪犯的可能性都更大。这是一种很容易理解的现象。他绝望了，于是开始不做作业，他造假签名，开始迟到，找一个地方为逃学做准备。他在这些地方遇到其他人，这些人都曾有着和他类似的经历，最后他也成为这些伙伴们的一分子。他越来越多地表现出某种个人的理解力，对学校的所有事务都不再感兴趣。

一个人有没有特别的能力的想法，经常和自卑情结有一定的关系。其实，这个观点的意思是，有的人有天分，但有的人没有。这根本就是自卑情结的表现。个性心理学的原理是“所有的人都可以完成某件事”。如果一个男孩或者女孩认为自己无法实现在生活中有意义方面的目标，因为遵守这条原则而感到无望，那么我们可以认定他有自卑情结的症状。

自卑情结还表现在相信性格特点是遗传的。假如说这种说法——成功是天赋决定的——没错，那么心理学家什么都干不成。其实，勇气才是成功的决定性因素，心理学家的任务是，让我们在从事有意义的工作时，能使绝望的情感转化为希望的情感，然后因希望的感情而精神焕发。

有时候我们发现一名被学校开除的十六岁少年自杀了，他已经绝望了。他要指控这个社会，并用自杀这种方式来报复。这是青年人肯定自己的方式，但他们却依靠个人理解来肯定，而不是依靠常识来肯定。此时，劝慰这名男孩，让他带着勇气去选择有意义的方向，是非常必要的。

我们还可以列举一系列事例，比如一个十一岁女童。她感觉自己在家里是多余的、不受喜爱的，兄弟姐妹们都比较受宠，就这样她变得喜欢吵闹、别扭、暴躁，这些儿童得不到赞赏。其实我们可以很容易分析这个事例。女孩开始谋求宠爱，不过最后她绝望了。后来，她开始盗窃。在个性心理学家看来，对于儿童来说，盗窃只是让他们的活动变得充实，而不是一种罪大恶极的罪行。假如一个人没有感觉自己被夺走了什么，那么他就不可能让自己变得充实起来。因为他感到绝望，在家里缺少爱，所以才开始盗窃。我们经常发现，孩子开始盗窃的时候，基本是他们感觉自己被抢走了某些东西的时候。这种感受揭示了某些行为的心理原因，而没有说明实际问题。

还有一个八岁男孩的例子。他与养父母生活在一起，是个私生子，没有什么出息。养父母不管教他，也不关注他。当时他生活中最明亮的时刻，就是母亲偶尔喂他吃糖。当母亲不再喂这不幸的孩子吃糖的时候，他便感觉非常伤心。后来，母亲嫁给了一个老男人，又生了个女孩，那老男人所有的快乐就来自新生的女孩，一直都很宠爱她。因为这名男孩在外生活要花费一定的抚养费，所以这成为他们继续收养这名男孩的唯一理由。每当老男人回来的时候，都给小女孩带糖吃，根本没有男孩的份儿。就这样，男孩开始偷吃糖。他感觉自己的权利被抢走了，所以要充实自己，所以就去偷窃。为此他没少挨父亲的打，但这种习惯还是没改。有人认为这名男孩勇气可嘉，因为他不断被打但却始终坚持。其实事情并不是这样的，男孩也一直希望不暴露。

这个例子讲的是一名被敌视的儿童，那些普通人的经历他从来没有拥有过，我们一定要让他过上普通人的生活，给他机会，给他鼓励。如果他学会了站在他人的角度思考，就能理解小女孩发现糖果不见时的感受，能理解养父看见他盗窃时的感受。这是一个关于被敌视儿童的自卑情结的例子，我们从中看到勇气不足、相互体谅不足和社会感情不足是怎样结合在一起，并组成了自卑情结。

/ 第十一章 /

恋爱与婚姻

▼

▼

平等的前提条件

为婚姻做的准备

婚姻咨询

学会做一个能与他人交往，并做一个能够适应社会的人，是准备婚姻和恋爱的第一步。在做这种一般性的准备时，我们应该从童年早期就开始练习，这是一种关于性本能的练习，目的是在家庭和婚姻中取得正常的性本能满足，这种练习一直到成年时期结束。我们能够在早期形成原型中找到恋爱和婚姻的能力、无能，以及发展趋势。要想了解后来成年生活中将会遇到的各种困难，我们可以从观察原型的特点入手。

平 等 的 前 提 条 件

不管是在婚姻和恋爱中遇到的问题，还是在普通的社会生活中遇到的问题，这些问题的性质是一样的。这些生活中所遇到的困难和完成的目标也是一样的。有一种观点认为婚姻和恋爱会让人非常满意，简直就像进了天堂一般，其实这是不正确的。婚恋过程中从头到尾都存在某种工作，想要完成这些工作，需要在任何时候都牢记对方的利益。

在恋爱和婚姻中，我们要为对方设身处地地着想，这就需要更多的能力、更多的同情心，这和普通的社会适应该是不同的。如果说，已经做好准备去适应家庭生活的人并不多，那么关键的问题就是他们并没有学会用对方的眼睛去观察，用对方的心去感受，用对方的耳朵去倾听。

我们前面几章主要讨论了一些儿童，他们从小到大都对别人不感兴趣，只关心自己。如果说，在这些儿童的身体性本能成熟后，他们性格也随之突然发生了变化，我们对此完全不抱希望。在婚姻和恋爱面前，他们同样没有任何好办法，好比他们根本就没有准备好适应社会生活一样。

社会兴趣发展的过程非常慢，能够有社会感的人，只是那些在早年的童年阶段就开始学习培养社会兴趣，并且在有意义的方面一直努力的人。所以我们比较容易知道一个人有没有做好准备应对异性生活。

我们一定要记住，要观察生活中有意义的方面。处于生活有意义方面的人，在面对生活中的问题时，总是迎难而上，带着自信和勇气去寻找解决的方法。他们能够和邻居友好相处，有朋友，也有伙伴。如果一个人不具备上面的特点，那么我们就不能认为他能做好准备去应对婚姻与恋爱，其实他是一个不可相信的人。另外我们也可以认为，一个在工作中一直进步，并且有了自己事业的人，已经做好了结婚的准备。

我们在理解社会兴趣本质的时候发现，只有在完全平等的前提条件下，婚姻和恋爱的问题才能够得到最好的处理。我们不应该过分强调一方是不是尊重另一方，关键点是基本的平等交换关系。爱情的种类很丰富，可爱情自身并不能使问题得到解决。要想得到圆满的婚姻，就一定要让爱情走在正确的方向上，这需要建立起一种恰当的平等关系。

不管是男人还是女人，只要试图在结婚以后操控另一方，那么他们最终都要面临毁灭性的结局。带着这种想法准备结婚也是错误的，这都能在结婚以后的生活中得到证明。婚姻中没有征服者的位置，在婚姻中成为一个征服者是不可能实现的。为对方考虑的能力以及关注对方才是婚姻所需要的。

为婚姻做的准备

至于婚姻生活中所必须的特别准备，我们现在要做一番讨论。就像我们所知道的那样，这与社会感的培养有关，社会感的培养包括对吸引异性的本能的学习。其实，所有人的内心都创立了一个理想的异性形象，这在童年时期就开始了。对于男孩子来说，他想找的妻子可能和母亲非常类似，因为母亲就是他理想异性的原型。有些时候某种令人不高兴的焦虑状态，可能存在于母亲和男孩之间。这时候，男孩想找的女性伴侣就可能和母亲的类型完全相反。男人在将来生活中选择妻子的方式，与母子关系的联系非常密切。对于这种联系，我们甚至可以从头发的颜色、身材和眼睛等细节中发现。

假如母亲总是想控制男孩，总是带着操控欲，那么在迎接婚姻和恋爱的时候，男人就可能不想勇敢面对。因为那种乖顺而又柔弱的女孩，才是他心中的理想异性的形象。此外，对于一个有好胜心的男孩来说，他在后来的婚姻生活中可能想要控制妻子，甚至与妻子打架。

我们由此可以看出，在面对爱情问题的时候，童年时期所暴露出来的所有特点是怎样被加重和强化的。我们可以想象，在面对性问题的时候，那些备受自卑情结折磨的人将会做出什么。他们可能会感觉到自卑懦弱，经常表现出自卑感，需要别人的帮助。这些人的理想异性形象，基本都有母亲的性格特点，或者说他可能在爱情中变得好强、骄傲——这些都与他的性格完全相反，他要用这种方式弥补自卑。他可能会选择一个好胜的女孩，经过一场激烈的斗争后成为征服者,并以此感到光荣。假如他的勇气不足，那么就可能会感觉自己带着诸多限制去选择异性。

这种做法必然无缘成功，不管是对于男人还是对于女人。利用性关系来满足优越情结或者是自卑情结，是愚不可及的做法。不过这种现象非常普遍。如果我们观察得够仔细，那么就会发现，其实很多人不明白达到某种目的不应该使用性关系的办法。他们寻找的伴侣，都是牺牲品。两人中的一个想成为征服者，而另外一个人也有这种想法，最终他们将无法在一起生活。

如果我们知道，某个人想要让自己的情结得到满足而使用性关系的手段，那么就能够比较透彻地解释他在选择异性上的奇怪做法。用其他原因来解释这些现象，必然让人感到不易理解。我们从中得知，为什么有的人选择年纪比较大的异性，或者选择体弱多病的异性。这是因为在他们看来，选择这种类型的人能使自己在做事的时候更加容易。有这样一种人，他们不想解决问题，一个典型的表现是，他们想找一个有婚史的人。有的时候我们还会看见一个人同时与两个女孩或者是两个男孩谈恋爱，这是因为“两个女孩还不如一个女孩”，我们在前面已经分析过了。

我们知道一个在自卑情结中痛苦的人为什么不能够做完一件事、拒绝直接面对问题、不断变换工作。他们的此类做法也同样适用于遇到爱情问题时。为了满足自己习惯性的行事特点，他们会选择与两个人同时谈恋爱，或者是选择与一个已结了婚的人谈恋爱。当然也可能还有其他的表现，比如明知永远不可能和一个人结婚，但还是不断地求爱，或者没完没了地订下婚约。

在婚姻中表现得非常明显的例子是，被溺爱的儿童，他们还想继续被溺爱，希望结婚的配偶能够满足自己。在最开始求爱的时候，或者是结婚后的前几年，这种情况并不会有什么危险。不过到后来出现的情况会非常复杂。我们可以想象两个被溺爱的人结为夫妻后将会遇到什么事。他们都不想溺爱对方，都想从对方那里感受到溺爱。这就是好像谁都不想把东西给对方，而且又相互对立，认为对方不理解自己。

我们应该能够想象，当一个人的行为被剥夺、当他被误解的时候会出现什么问题。他想要躲避，他感觉到自卑。在婚姻中，这种感觉会更不痛快，尤其是当他进入了一种极其绝望的状态中。到了这个时候，就会产生一种报复心，一方想让另一方的生活被打乱，最简单的达到这个目的的方法就是不忠。不忠的人在为自己辩解的时候，总是拿出感情和爱的借口。不过一般来说，不忠是一种报复的方式，感情不应该成为辩解的借口，感情与优越的目标是相一致的，我们都知道感情是有价值的。

我们在说明这个问题的时候，可以举出一个被溺爱的女人的例子。那个和她结婚的男人在以前总是感觉他的弟弟夺走了自己的权利。我们应该能够想到，他对这个甜蜜而又温和的独生姑娘有多么喜爱。他们的婚姻生活非常幸福，一直到孩子生下来。我们应该能想到他们以后的生活会怎样。妻子对生孩子并不感兴趣，她害怕自己的位子被孩子夺走，她想成为家庭中的焦点。另外一方面，丈夫也害怕自己的位子被孩子取代，他也想得到溺爱。最终夫妻两人虽然没有忽略孩子，也是称职的父母，但是都变得相互猜忌，他们总是担心两人之间的感情会变淡。猜忌是非常危险的，因为只要有一个人开始考虑每一种行为、每一句话或者是每一个表情，那么他就好像已经发现，或者很容易发现感情已经变了。两人都发现了一些问题。有一件非常碰巧的事，丈夫到巴黎去休假，当时妻子在生产恢复后照顾婴儿。丈夫写给妻子的信中提到，自己遇到了各种各样的人，玩得非常高兴，等等。妻子感觉自己曾经的幸福感不在了，她觉得自己被忽视了，所以就变得很抑郁，最终患上了广场恐惧症。丈夫回到家以后必须要陪伴她，因为她不敢一个人出门。她好像已经成了关注的焦点。从表面上看，她的目的已经达到了。不过这种满足是不正常的，因为只要她的广场恐惧症治好了，她的丈夫也就不再陪着她了，所以她的广场恐惧症还在持续。

她在生病时找了一位医生，医生给她提供了很多帮助。在医生的帮助下，她的病情有了起色。她在医生身上投入了自己所有美好的感情，不过医生看她病情好转就离开了。她给医生写了一封信，对医生为她做的一切表示友善的感谢。然而医生没有回信，后来她的病情又越来越重了。

这个时候,她想要报复自己的丈夫,想象着和别的男人在一起。不过她必须要丈夫陪着，因为她不能一个人出门，也就是说她的广场恐惧症救了他，她最终没有实现不忠的愿望。

婚 姻 咨 询

在看到婚姻中这么多错误以后，我们必然会问一个问题：这一切都是必然结果吗？我们知道，在童年时期就已经开始酝酿错误了。同时我们也知道，想要改正错误的生活习惯，可以从原型的特点着手。那么，我们能不能以个性心理学的原理为依据，成立一些咨询机构，以解决婚姻中的错误？训练有素的人可以加入咨询机构，因为他们知道个人生活中的所有事物是怎样相互联系的。他们具有同理心，而且能同情前来寻求建议的人。

这些咨询机构的人并不会说：“你们不断地吵架，无法调和，还是离婚吧。”离婚能解决问题吗？假如离婚了又要怎么过呢？就算是一个人离婚了，他还是会想着结婚。他曾经的生活习惯还是没有变，这基本算是一条铁律。有的时候我们看到一些人不断地结婚、离婚，又再结婚、离婚。他们的错误一直在不断重复，这些人可以求助咨询机构。在离婚之前去咨询机构询问，或者在打算开始谈恋爱或者结婚的时候去询问自己是否可能成功。

有很多错误是在结婚以后才变得重要的，但在童年时期显得非常微小。有的人总是感觉自己会有绝望的一天。有的儿童总是担心自己会面对绝望，他们向来都不太高兴。他们要么由于早期的困难而变得迷信，担心会发生类似的悲剧；要么担心别人更受宠爱，自己的位置被人取代。很明显，在将来的婚姻生活中，这种绝望而又担心的情绪会引起猜疑和嫉妒。

有的女人认为男人是不忠的，感觉自己只是男人们手中的玩物，这是一个非常特别的难点。我们可以清楚地看到，有这种想法的人在婚姻生活中是不可能幸福的。

人们总是询问婚姻和恋爱方面的建议，我们可以从这个事实中得出结论：生活中最重要的问题就是婚姻和恋爱。不过个性心理学认为，虽然这个问题在生活中非常重要，但是绝对不是最重要的。根据个性心理学的观点，生活中的问题没有哪个比哪个更重要的分别。假如人们认为婚姻和恋爱的重要性最大，并对此过分强调，那么他们生活中的协调将不复存在。

人们心中对这个问题的重要意义看得过重了，原因可能是没有接受任何正规学习，而这个问题与其他问题又不尽相同。我们曾经讨论过生活中的三大问题，现在可以回想一下，其中排在第一的是社会问题。社会问题与我们对待其他人的行为有关系。从生活的第一刻开始，我们就在学习怎样与别人交往，也就是在我们生活很早的时候就开始学习了。同理，我们的各项职业技术都有教师教育，我们也能从书中学习如何处理问题，也就是说我们所接受的职业学习非常正规。不过关于婚姻和恋爱的准备，有什么课本曾经教过我们吗？关于成功婚姻的书，我们很少发现。虽然关于婚姻和恋爱的书籍也很多，而且没有哪种文学没有讲到爱情故事。所有人关注的都是面对困难的男人女人，估计是因为我们的文学和文化关系密切。因此，大家在谈到婚姻问题时都比较慎重，而且过分慎重。

婚姻始终是人类的行为，从最开始的时候就是。我们可以翻一翻《圣经》，就会发现一个灾难的故事以女人开头。我们会读到，在爱情生活中，当时的男男女女都会遇到非常大的危险。很明显，我们的教育在谈到婚姻恋爱方面的问题时，显得非常拘束。我们的教育方式应该更加灵活，教会男孩在婚姻中怎样做好男人的角色，教会女孩在婚姻中怎样做好女人的角色，而不是将那些为罪恶做准备的教育塞到孩子脑子里。当然我们还要教育好儿童在婚姻中双方应该是平等的。

我们的文明在这一点上是非常失败的，现在的妇女感觉到自卑就是一项证据。如果读者不相信，那么就可以了解一下妇女们是怎样进行斗争的。读者将会认识到，妇女们经常接受超常规的学习和发展，同时还能发现，妇女们总在想怎样战胜别人。另外，相比于男人，女人更加关注自我。将来的教育应该教会女孩不要只关注自己的利益，也要关注别人，同时教会女孩应该更多地发展社会兴趣。不过我们首先要将关于男人具有特权的迷信想法废止，然后才能做到这一点。

在婚姻问题上，有些人的准备非常不充分，我们可以举例说明。一位漂亮的女孩和一个青年已经订婚了，他们在舞会上跳舞。男孩为了捡起掉在地上的眼镜，居然差一点儿把女孩推倒在地。这让旁边的人都感到非常震惊，有一个朋友问他："你想干什么？"他回答说："万一她踩到了我的眼镜呢？"从这里我们可以发现，青年并没有做好结婚准备。其实，他们两人后来也没有结婚。

在后来的生活里，男孩去找医生说爱情的抑郁把他折磨得很惨。过分关注自己的人经常会患有忧郁症。

关于一个人是否具备条件结婚，很多迹象都有所表现。假如情侣约会迟到，而且又给不出任何可信的理由，那么我们坚决不能相信这种人。这件事说明他们没有做好应对生活中的问题的准备，也说明他们在态度上的犹豫。

准备不足的表现还包括一方总是想指责或者是教育另一方。过于敏感也是自卑情结的表现，同样也是不太好的现象。不符合婚姻生活条件的人还包括不合群的人和朋友不多的人。还有一种不太妙的表现是，在职业上非常犹豫、悲观，缺乏面对生活的勇气。很明显，他们缺乏适应的能力。

虽然上面说的各种表现都让人不满意，不过沿着正确的方向选择一个人，或者说选择一个合适的人，其实应该是很容易的。我们都期望找到的那个人正好符合自己的理想要求。其实，如果一个人希望找到的结婚对象符合自己的理想要求，而这个愿望又始终不能满足，此时我们可以推断出他有些犹豫，这种人完全不想向前发展。

关于一对年轻男女是否已经具备结婚的条件，德国有一种历史悠久的测试方法。这是一种农村风俗，人们把一种两端都有把手的锯交给一对青年男女，让每个人都拿着一端，一起锯同一棵树桩，树桩旁边围绕着观看的亲朋好友。两个人的任务是把树桩锯开，所以任何一个人都要让自己拉锯的动作与对方相配合，也就是都要顾及对方的动作，所以这是一种不错的方法，可以验证一对男女是否具有适应婚姻的能力。

我们重说一遍已经讲过的内容，并在这里做出总结。能够解决婚姻和恋爱问题的人，只能是那些已经适应社会的人。社会兴趣不足是大部分错误的原因，要想改正错误就只能让人自身发生变化。婚姻是两个人共同的目标，我们不应该受到独立承担工作任务的教育，因为完成一项任务应该由众人通力合作，而不只是让两个人学习一起做事。当然，虽然教育中还存在某些缺陷，但只要两个人都认识到自己性格中的错误，在解决问题的时候以平等的精神为原则，那么仍然能够满意地处理婚姻中的问题。

很明显，一夫一妻制是婚姻中的最高形式。有的人认为一夫多妻与人类的本性更符合，然而他们都只能拿出假科学当作借口。因为我们的文化把婚姻和恋爱都当作社会任务，所以这是一种无法接受的观点。我们结婚不只是为了个人的利益，也是为了社会的利益。婚姻是种族发展的需要，我们最后要提出这一点。

/ 第十二章 /

性欲及性问题

▼

▼

我们在上一章讨论了普遍意义上的婚姻和恋爱问题。关于这个大问题中的具体问题，也就是性问题，以及它们与幻想性和真实性变态的关系，我们将要在这一章进行讨论。大多数人对爱情问题所做的学习和准备，都没有对生活中其他问题所做的学习和准备充足，我们已经证实了这一点。在性问题方面也使用这项结论，也是成立的。在性的问题上，我们一定要排除各种迷信，这一点需要特别指出。

有一种观点认为，性格是遗传的，而性欲也是无法改变的，也是遗传的，这是最普遍的迷信。我们都知道人们很容易拿出遗传问题当作托词和辩解的理由，这阻碍了人们的进一步发展。所以对先进的科学观点进行描述是非常有必要的。对于这些观点，一般外行人的态度过于慎重严肃，他们并不知道作者只是给出了结论，而没有讨论人为的性本能刺激，也没有讨论这项结论可能导致的压抑程度。

早 期 学 习

在生命的早期，性欲就已经出现了。在出生最开始的几天，婴儿就有一些性动作和性兴奋。当然，这需要细心的保姆或者是父母用心去观察才能发现。不过这种性欲表现为对环境的依靠，已经不在我们的预计中了。当婴儿表现出这些举止的时候，父母应该想办法分散他们的注意力。不过父母在实施的过程中并不能采用正确的方法，或者有的时候虽然采用了正确的做法，但是效果却很差。

如果一名儿童在早期并没有正确认识自己器官的功能，那么他对性活动的兴趣可能更大。我们已经，发现身体的其他器官存在这种现象，当然性器官也是如此。想要让孩子得到正确的认识，需要在恰当的时候进行干预。

总的来说，就算我们看到了孩子的性动作，也不应该表现得大惊小怪。儿童时期的性表现是一种正常的现象，毕竟两性的目的都是为了最终与对方结合。所以，等待和观察是我们的原则，我们应该在一边注意儿童，防止他们的性表现向错误的方向上发展。

人们总是认为，遗传缺陷导致了童年时期自我学习的某种结果。有的时候，这种自我学习的行为也被视为遗传的特点。所以，人们看到一名儿童对同性的兴趣比对异性的兴趣浓厚，便认为他天生就是性无能。不过我们知道，性无能是日积月累而形成的。很多人认为遗传是有些成年人或者儿童性反常的原因。假如这是真的，那么这些人为什么重复或梦见自己的行为？为什么还要让自己得到练习？

我们可以用个性心理学的原理去解释，为什么有些人在某段时间停止了这种学习，比如说有的人有自卑情结，他们恐惧失败。不过，他们的学习已经过度，最终发展为某种优越情结。我们在这个时候就可以看到，有些类似的做法夸张而过度地强调性欲，这些人的性欲可能非常强。

环境特别容易影响到这种类型的人对优越的追求，我们知道这种兴趣是怎样被某些社会交往、电影、小说或者图片强化的。几乎我们这个年代中的所有事物，都对人们的夸张性行为起到增加兴趣的作用。虽然我们认为对性的强调有些过分，但是在婚姻恋爱和人类生殖方面的作用，我们也不能够贬低这些机能性的驱力的重要性。

父母在照顾儿童的时候，应该对他们的性夸张征兆做出预防。比较普遍的现象是，儿童对性的重要性给出了过高的估计，这可能是因为对于儿童最开始的性动作，母亲太过在意。母亲可能因此感到惊讶，所以总是把这类问题讲给儿童听，在他身边守着，或者惩罚他。我们应该明白，儿童们受到指责后，他们的这种习惯可能还要持续，因为他们都是关注自我的。不要对儿童过分强调这个问题，这是一种比较妥当的解决方式。我们应该把它当作普通的难题来处理，如果大家在儿童面前都没有表现得非常在意，这个问题会容易很多。

有些时候人们还可能因为一些传统而注意到某个方向，比如母亲通过拥抱和亲吻等方式来表达自己的感情，而母亲的爱又是那样的浓烈。其实母亲不应该过多地做出这些举动，虽然她们说在这样做的时候很难控制自己。因为这种做法显得母亲把儿童看成了敌人,而不是看成了儿童,所以这并不是代表性的母爱的表现。如果一个儿童总是被溺爱，那么他不可能在性方面发展良好。

依靠生活习惯

我们要提出和这个问题有关的一点，很多心理学家和医生都认为，性欲是所有身体活动发展的基础，而不只是精神和心理发展的基础。对于这个观点，本书作者也持赞成态度。我认为，性欲的发展与整体形式都依赖于原型和生活习惯，也就是依赖于个性。

比如，一名儿童压制自己的性欲，通过另外的某种方式表达自己的性欲，那么我们就可以猜测到当他们成年以后会遇到什么问题。假如我们知道，一名儿童总是想要控制别人，成为关注的焦点，那么他在性欲方面也向着操控别人和成为焦点的方向发展。

很多人认为，假如在表现性本能的时候，以一夫多妻制的形式来展现，那么就会变得具有操控他人的能力，或者变得优越起来，所以这些人会和很多人发生性关系。很明显他们对自己的性态度和性欲都过分看重，根源是心理方面的因素。他们认为这是一种让自己成为操控者的做法。这只是一种幻想，一种弥补自卑情结的幻想。

自卑情结的核心问题是性变态，如果一个人有自卑情结，那么他就想要寻找最简单的解决方式。有的时候他发现，夸张自己的性生活，并排除生活中的大部分方面，就是最简便的解决方法。

我们经常发现这种特点体现在儿童身上。总的来说，在那些希望能够操控别人的儿童身上，都表现出了这种特点。这些儿童在生活中没有意义的方面努力，他们创造困难，希望能够缠住老师和父母。他们在后来的生活中，也希望能够通过缠住别人的方法，而使自己变得优越。在成长的过程中，这类儿童把操控与优越的愿望和性欲混为一谈。有时候，他们对生活中的问题和某些可能性持抵触态度，就在这种抵触的过程中，他们还排斥所有的异性。所以他们的学习都是为了同性恋。我们应该注意，过分强调性欲在性反常的人中非常常见。其实，他们想要躲避正常性生活问题中的苦难，于是使自己的性反常过度夸张化，当作一种抵抗解决问题的手段。

我们要想了解这一切，就只能先理解他们的生活习惯。不过，有些人希望受到赞赏，但是在异性对他们产生充足的兴趣时，他们又认为自己无能为力。在异性的问题上，他们在童年时期就已经产生了自卑情结，比如说他们发现自己的行为举止没有母亲或者家里姑娘的行为举止更有吸引力，并因此认为女人永远都不会对他产生兴趣。这些人可能会模仿异性的一举一动，因为他们对异性非常崇拜。所以，有的时候我们会看到像男人的女孩，当然也会看到行为举止像女孩的男人。

还有这样一种男人，他们犯下迫害儿童罪，被指控为虐待狂。对于我们曾经讨论的特点的形成，这些人的例子能够做出最好的解释。我们可以盘问他的成长历程，我们会发现他的母亲总是责骂他，而且非常专制。哪怕是这样，他在学校里也是一名优秀而又聪明的学生。不过母亲从来没有对他的成绩感到满意，所以他对母亲没有半点兴趣，并在家庭感情中将母亲排斥掉。然而他却非常依赖自己的父亲，喜欢和父亲亲近，也很爱父亲。

这名男孩一定认为女人总是鸡蛋里挑骨头，而且非常严厉。我们能够猜测到他是怎么产生这种想法的。他认为和女人交往只是被逼的，根本没有任何快乐。即便如此，他也开始产生了排斥异性的态度。这个人在恐惧的时候就会感觉到性刺激，这才是最为恐怖的事。我们非常熟悉这种类型的人，他们经常会受焦虑的煎熬，但也因此感觉到刺激，所以他们总是寻找一种自己不会感到畏惧的环境。在以后的生活中，他可能在看到一个孩子备受摧残的时候感到高兴，也可能喜欢虐待或者惩罚自己，甚至有可能在幻想别人或者自己受到虐待的时候感觉到快乐。这就和我们所说的那种类型相一致，他能够从想象的和真实的虐待中感觉到性满足和性刺激。

错误学习的结果就像这个人的例子，他不懂自己的各种习惯之间有什么相互关系。不过就算他明白了，那也为时已晚。一个人很难在自己三十岁或者二十五岁的时候，重新让自己开始某些学习。童年阶段是最合适的练习时间。

其 他 因 素

可能在童年时期，各种事情之间都被搅和得非常繁杂，原因在于与父母之间的心理关系。我们发现一个差劲的性学习是怎样使父母与儿子之间产生了心理冲突，这种情形非常奇怪。一名好斗的少年，尤其是在青春时期，可能会为了故意伤害自己的父母而肆意发泄性欲。我们都知道，在与父母斗争之后，男孩或者女孩都经常为了报复父母而和其他人发生性关系。如果他们认识到对于这个问题父母的表现非常敏感，就会更加肆意。基本上激烈的儿童都无一例外地在这方面发起袭击。

让孩子们对自己负责，是使他免于使用这种策略的唯一方法，这样他们就会相信这种做法和自己的利益有关，而不只是和父母的利益有关。

对性问题产生影响的因素，包括生活习惯中体现的童年环境，另外还有一个国家的政治经济情况。政治经济情况会促使一种影响力非常强的社会因素产生。在第一次俄国革命以及日俄战争失败以后，发起了一场激烈的解放主义性运动，因为这时没有人还怀有信心或抱有希望了。这场运动波及了所有的青年和成年人。人们发现，与之相似的夸张的性欲倾向也发生在革命期间。生命在战争期间变得没有任何价值，所以就会经常出现沉溺于性欲的现象。

似乎警察也认为，性可以当作一种心理解脱的方式。这非常有趣，至少在欧洲是这样的。警察总是先去妓院里进行搜查，不管发生了什么案件，他们正在搜捕的各种罪犯经常都能在妓院里找到，当然也能找到正在搜捕的杀人犯。主要原因是，一个人在犯罪以后，需要在情绪上得到安定，抚平他内心的无限焦虑。他们要证明自己不是丧家犬，自己仍然是强有力的，他们需要相信自己的能力。

社 会 方 法

一个法国人曾经说过，人喝水时并不一定是渴了，吃饭时也不一定是饿了，并且在任何时间都可以发生性关系，在所有动物中，只有人这样。从本质上来说，过分放纵性欲的本能，与在其他方面过度放纵是一样的。不管是发展成哪种兴趣，在哪个方面放纵欲望，都会使生活的协调被扰乱。有些人毫无限度地放纵自己，甚至到了最后连欲望和兴趣都成为强迫性行为，这样的例子在心理学的历史上有很多记载。我们都比较熟悉的例子是守财奴，他们过分看重金钱的重要性。还有的人认为，清洁工作在所有事务中排在第一名，他们把清洁看得非常重要，甚至用一天或者是半夜的时间做清洁工作。还有的人没完没了地吃，只有食物能够让他们感兴趣，对他们来说，饮食的重要性是最高的，哪怕是说话，也不谈及除了吃以外的其他内容。

过度纵欲也是如此，它必然使生活习惯站在了无意义的一边，而且还使行动的协调不再平衡。

性驱力在正常的性本能练习中应该被压制在有意义的目标范围内，这个目标应该由我们的所有活动来表现。不管是生活中的其他方面还是性欲，只要选择了合适的目标，都不可能被过分地看重。

当然这并不是说，在正常的生活习惯内会有合适的表现；也不是说，只要我们的性表达方式比较随性，我们就可以使神经性疾病得到治愈，而这些疾病正好说明生活习惯的平衡被打破。有一种普遍流传的观点是错误的，认为受到压制的力比多是神经症的原因。其实神经症患者找不到正确的性表达方式，事实情况恰好与这种说法相反。

对于这样的人，我们也曾经见到过。他们被建议更加随性地发泄性本能，而听从这一建议却导致了他们病情恶化。因为他们没有在社会有意义的目标范围内控制性生活，所以才出现了恶化的结果。想要他们的神经症症状有所缓解，就一定要使之限制在社会有意义的目标范围内。其实神经症是生活习惯内的某种疾病——我们暂时用这个名称——它的治愈不能通过性本能表达的形式，只有从生活习惯入手才能够治疗神经症。

所有的关系都非常明晰，所以对于个性心理学家来说，他们会坚定地认为，解决问题的唯一理想方法就是婚姻幸福。不过，这种方法并不能让一名神经症患者感到有兴趣，因为他们不能良好地适应社会生活，他们一般都性格懦弱。那些过度强调性欲的人恰好相反，这些人也认为应该遵循一夫多妻、试婚以及同居。他们在解决性问题的时候，都想到了躲避社会的方式。在解决社会适应的问题时，他们又幻想着以某种新的方式来躲避，而不是以夫妻共同兴趣的原则为指导。不过，最省事的方法必然是最艰难的方法。

/第十三章/

结论

▼

▼

现在我们应该对各项研究做出总结，我们可以非常坦白地承认，自卑问题一直都与个性心理学的方法紧密联系。

人类成功和斗争的基础就是自卑，同时所有心理适应不良问题的原因也是自卑。当一个人找不到具体而又合适的优越目标时，就会产生自卑情结。自卑情结会使人产生躲避的念想，这是一种隐藏在优越情结中的念想。不过优越情结让人在虚无的成功中感到满足，这只是生活中没有意义方面的目标。

心理生活的动力机制就是这样的。更具体一些，我们知道在有些时候，精神活动中错误的害处，要比另外一些时候更加严重。我们还知道，在童年时期，生活习惯就已经具备了潜在的特征，并且发展定型，也就是说在四五岁的时候，这种特征就已经发展出原型了。如果是这样，那么在童年时期进行正确的指导，就成为我们心理活动的所有责任。

我们已经提出，童年的指导主要是在培养合适的社会兴趣方面着手,这样才能够建立健康而又有意义的目标,并使之完善定型。要想广泛地压制儿童的自卑感，防止优越情结或自卑情结的产生，就要经过一定的学习，使他们具有适应社会系统的能力。

自卑问题的正面反应就是社会适应。因为一个人的懦弱无能和自卑，所以我们才看到人类要在社会中生活，也就是说个人得到救赎的方向只有社会协作和社会兴趣。

图书在版编目（CIP）数据

生活的科学 /（奥）阿尔弗雷德·阿德勒著；张晓晨译．—上海：上海三联书店，2016.11（2024.11重印）

ISBN 978-7-5426-5662-9

Ⅰ．①生… Ⅱ．①阿… ②张… Ⅲ．①个体心理学－普及读物 Ⅳ．① B848-49

中国版本图书馆 CIP 数据核字（2016）第 184096 号

生活的科学

著　　者／〔奥地利〕阿尔弗雷德·阿德勒

译　　者／张晓晨

责任编辑／陈启甸

特约编辑／郭挚英

装帧设计／Metis 灵动视线 TEL:010-85983452

监　　制／李　敏

出版发行／上海三联书店

(201199) 中国上海市都市路 4855 号 2 座 10 楼

http://www.sjpc1932.com

印　　刷／三河市中晟雅豪印务有限公司

版　　次／2016 年 11 月第 1 版

印　　次／2024年11月第13次印刷

开　　本／640×960　1/16

字　　数／141 千字

印　　张／15

ISBN 978-7-5426-5662-9/B·490

定　价：29.80元